在日コリアンの戦後史

神戸の闇市を駆け抜けた文東建の見果てぬ夢

高 祐 二

KO UI

明石書店

はじめに――国際マーケット跡から

神戸の繁華街の中心地は、今も昔も三宮駅周辺である。三宮駅は、ＪＲと阪急、阪神、そして神戸高速鉄道の三社の私鉄路線と神戸市営地下鉄の二路線が乗り入れている一大ターミナル・ステーションである。三宮駅の北側は六甲の山並みにつながる丘陵地でエキゾチックな異人館が立ち並んでいる。元町駅方面の西側は、高架下通りに面したファッショナブルなブティックが軒を並べる商業地で、南側は市役所やオフィスが集まる産業都市のイメージを醸し出している。そして東側というと、少しレトロな趣きのある店舗が入居する商業施設「サンパル」と中央区役所があるくらいで、観光客にはあまり馴染みがないスポットである。しかしこの東側こそ三宮の元祖と言うべき神戸の秘境で、そのルーツは戦後の闇市にさかのぼる。

終戦直後、三宮駅周辺の一帯は闇市が林立し、辺りは人と物で溢れかえり、今以上の活況を呈していた。その後三宮駅東側には、闇市を整理・統合した「国際マーケット」が形成され、その名の通り、アジアやヨーロッパ・テイストの商品とそれを売り買いする外国人で賑わっていた。現在もその名残は、ＪＲ高架下の商店街で一部垣間見ることができるが、当時の活気は全く失われてしまった感がある。

かつて国際マーケットがあった、現在の神戸市中央区雲井通界隈に足を運ぶと、女子サッカーチーム「アイナック神戸」の横断幕や立て看板に迎えられる。付近はまるでアイナック神戸の城下町かと思われるほど、「なでしこジャパン」で満ち溢れているが、その中心にはパチンコやスロットマシーン、ボウリング場などの商業施設が立ち並んでいる。それらを一手に経営しているのが、「アスコホールディングス」という企業であり、会長は文弘宣《ムンホンソン》という名の在日コリアンである。文弘宣といえば、アスコホールディングスの会長というよりも、アイナック神戸の会長の肩書きの方が有名である。もっともアイナック神戸が世間的に知られるようになったのは、二〇一一年の女子サッカーのワールドカップで日本が優勝したことがきっかけである。主力選手の多くがアイナック神戸の所属であったことから、一躍全国的な知名度を得るようになった。

しかし、それ以前は筆者を含めた神戸市民にとって、アイナック神戸も女子サッカーも、ほとんど馴染みはなかった。文弘宣がアイナック神戸の会長に就任したのが二〇〇一年のことであり、それから一〇年間、海のものとも山のものともつかない、女子サッカーチームを文は根気強く息長く支え続けてきた。それがアメリカを破ってのワールドカップ初優勝という快挙をなしえたことから、文弘宣の「先見の明」には驚かされた感がする。通常、企業家なら、投資に見合う利益を第一に考え、先行きのない事業ならさっさと切り捨てるのが常道である。ところが、文はそうした常識を覆し、アイナック神戸を、女子サッカーを成長させ続けた。文の目先の利益にとらわれない企業家としての資質は、何からもたらされるのか。

その答えの一つが、文弘宣の父親である文東建《ムンドンゴン》の生き様にあるといえる。文東建は、アスコホールディングスの商業施設が今にある国際マーケットの創設者の一人で、企業家だけでなく、日本帝国主義による朝鮮植民地時代の独立運動、さらには解放された新生祖国の建国運動にも携わった人物である。まさに戦後史を駆け抜けた波乱万丈の人生を文東建は歩んだのである。

文東建の生き様を辿っていくと、一貫して朝鮮人としてのアイデンティティーである「民族」にこだわり続けたことが分かる。文は組織や人的つながりよりも、「民族」をキーワードに重心を置いたことにより、自らの行動を「変節」として捉えられることもあった。しかし、たとえ他者にとって「変節」と映ろうとも、文東建にとっては時代状況に即した「選択」であり、新たな環境における「進化」として位置づけていたようである。文東建にとって重要なことは、その時々に課せられる桎梏に闇雲に抗ったり、逆に従ったりするのではなく、怜悧な視点で状況を見極め、信念に基づいた行動を「選択」することにあった。

そこにおいては、感情に流されることなく、時として非情な「選択」を決断することもあった。そのため誤解を受けることも多々あり、その人となりを評価することが難しいとされる原因の一つとなった。

しかしながら本書においては、文東建に関する歴史的事実を残された資料でたどることによって、文の生きた時代を検証し、文東建という類い稀な人物を浮き彫りにすることを試みた。ただ、文東建に対する評価は人それぞれで、ここではその良し悪しを結論づけることは控えることにした。それでも、事実をひとつずつ積み重ねることで、文東建という人物に接近できればというのが、本書の狙いである。また、そうすることで、戦後の日本と在日コリアンが歩んできた道のりの新たな一面を垣間見ることができると確信している。さらには、子息の文弘宣が切り開いた、日本女子サッカーの世界制覇というドラマを文東建というフィルターで俯瞰することにより、これからのアジアにおける日本の進むべき道が発見できる可能性があると考える。

これは文東建という人物の創造と挫折、そして再生へと続く、在日コリアンの生きた証のストーリーである。

目次

三宮、元町周辺地図

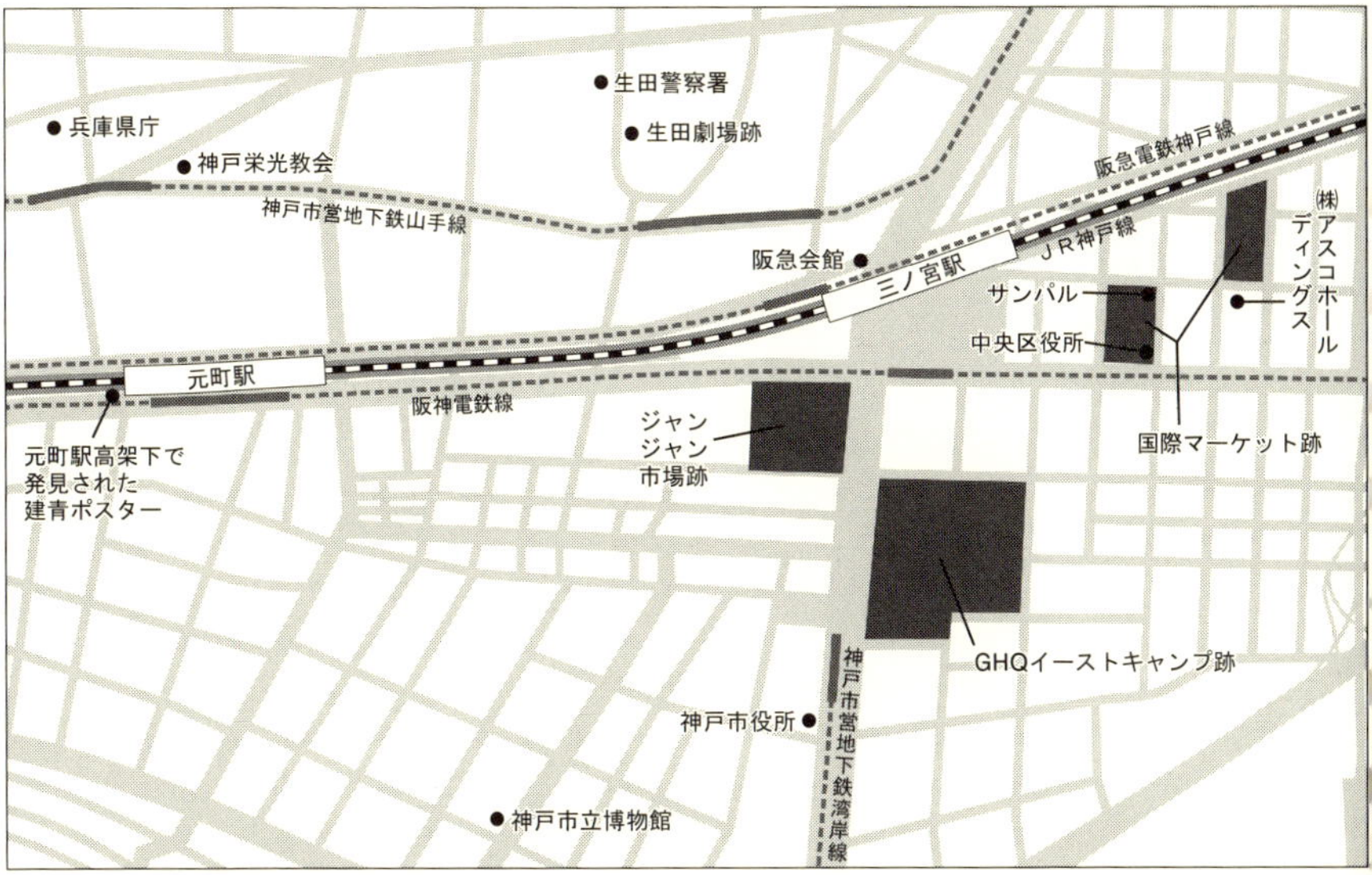

生田警察署
兵庫県庁
生田劇場跡
神戸栄光教会
阪急電鉄神戸線
神戸市営地下鉄山手線
(株)アスコホールディングス
ＪＲ神戸線
阪急会館
三ノ宮駅
サンパル
中央区役所
元町駅
阪神電鉄線
ジャンジャン市場跡
国際マーケット跡
元町駅高架下で発見された建青ポスター
GHQイーストキャンプ跡
神戸市営地下鉄湾岸線
神戸市役所
神戸市立博物館

〈凡　例〉

(1)　国名について、大韓民国は「韓国」、朝鮮民主主義人民共和国は「北朝鮮」と呼称し、日本が植民地統治していた時代の朝鮮半島領域は「朝鮮」と表記した。

(2)　民族について、本文中では韓国人、朝鮮人、韓国・朝鮮人、同胞、コリアンと使用しているが、文脈上その時々の表現において使い分けた。

(3)　引用文中、「鮮日」「北鮮」「三国人」等と差別的な表現がみられるが、構成上原文のままの表記とした。

(4)　諸般の事情で、一部仮名としている事例がある。

(5)　文中には「三宮」と「三ノ宮」の表記があるが、「三ノ宮」はＪＲ（国鉄）の駅名で表示され、その他の私鉄の駅名と地名には「三宮」と表示されていることに準じた。

第一章　建青兵庫の結成とその終焉

第一節——戦前の治安維持法違反での逮捕と投獄

文東建の生い立ち

文東建《ムンドンゴン》は一九一七年二月一二日、現在の韓国慶尚南《キョンサンナム》道《ド》昌寧郡《チャンニョングン》で誕生した。実家が貧しく、一三歳の時日本へ渡り、神戸に住むことになる。丁稚奉公、行商、新聞配達など職を転々とし、その間ゴム工場の機械操作で右手指二本を切断するという事故に遭った。事故を契機に「学問で身を立てねば」と旧制北神商業学校（現：兵庫商業学校）に入学、夜間部一年に編入された。当時、北神商業夜間部は現在の神戸市中央区中山手通にあり、比較的市街地に近いことから、働きながら学ぶ朝鮮人も複数在籍していた。文東建は北神商業在学中に朝鮮独立運動に奔走し、収監された経験を持つ。この独立運動に携わり逮捕・投獄された経験が、後の文東建の人生に大きな影響を与えることになる。

北神商業朝鮮人留学生会独立運動事件

一九四〇年三月、兵庫県警特高課は、北神商業学校に在学する朝鮮人学生六名を治安維持法違反で所轄検事局に送致し、そして翌四月、同じく一名を検挙・送致したと発表した。『特高月報』によると、朝鮮人学生らは学内で以前より朝鮮独立運動を画策し同志を結集していたが、内偵していた特高からその構成員が探知され、一九三九年から関係人物を順次検挙していた。そして四月に検挙・送致された学生が文東建であった。当時は文圭泳《ムンギュヨン》と名乗り、職業は新聞配達員であった。

首謀者とされた夜間部学生裵詳権《ペサンゴン》は、独立運動を展開した理由についてこう語っている。

「現下朝鮮人の生活態様其の他社会的環境は著しく劣悪なるが、之は畢竟朝鮮が、日本に隷属する為との観念に基き、朝鮮民族の真の幸福を図らん為には朝鮮をして日本の統治下より離脱せしめ、独立国家たらしむに如かず」

事実、朝鮮人は植民地統治下、貧しく劣悪な環境に置かれていた。逮捕された北神商業の朝鮮人全員が夜間部の苦学生で、職業は文東建の新聞配達を始め、屎尿汲取り人夫や製鉄職工など社会の底辺の職に携わっていた。

彼らは太平洋戦争開戦前の情勢について、「日本は国際的孤立、財政の逼迫等により日中事変の長期化に伴い必然に国内混乱を来し、究極において敗戦に陥るもの」と推測していた。そして、

「斯かる好機の到来したる場合は日本国内に散在する民族主義者や在外民族主義者は相呼応して一斉に蜂起し、朝鮮の独立を遂ぐべきなり」との運動目標を掲げている。

裵詳権は表向き親睦団体として、一九三八年四月頃「北神商業留学生会」を結成し、神戸在住の朝鮮人学生を独立運動に参与させる母体として位置づけた。一九四〇年五月一四日、神戸地方裁判所検事局は、事件関係者を治安維持法で起訴した。従来、治安維持法は共産主義的な左翼運動を摘発する意味合いで制定、適用されてきた。そのため朝鮮独立運動という「民族主義的」な色合いの活動に対して、日本国内で治安維持法を適用することはこれまで前例がなかった。そして神戸のこの事件をきっかけに、以後、在日朝鮮人の独立運動は治安維持法で弾圧されることになる。

検事局は治安維持法違反を拡大解釈することを企図し、起訴内容に「国体変革」を強引に結びつけた。その予審終結決定書にはこう記されている。

「被告人等は一九三九年一二月末頃より朝鮮独立の革命思想抱擁するに至り朝鮮民族の真の幸福の為其の解放を図るには海外の朝鮮独立を企図する団体と連絡提携し此等団体並朝鮮基督教を通して英米等より軍事並経済上の援助を受け日本の敗戦の機に乗じ内外相呼応し所謂暴力革命の手段に依り我が天皇制を打倒否認し即ち我が国体を変革して朝鮮をして日本の統治権の支配より離脱せしめて朝鮮民族の独立国家を建設するに如かず」

「朝鮮独立」がなぜ「天皇制打倒」に繋がるのか、一切理由は明らかにされず、証拠も明示されなかった。しかし一九三二年に出版された『特高法令の新研究』によれば、実際の取り締まりにおける法律説明と解釈運用について以下のようなくだりがある。

「我国体は前述の如く統治権が万世一系なる上御一人に存する君主国体である。したがって我国に於ける国体の変革とは君主制の撤廃を以て最も顕著な事例とする。すなわち共和制の実現を企図し或は労農独裁の政府を樹立せんとし、若くは一切の権力を無視して国家を否認する等の如きものである。

然し乍ら本法條に所謂国体の変革とはしかく狭隘な顕著な事実のみ指称するのではなく、苟も我が統治権の総攬者たる万世一系の天皇の絶対性に対して変更を加へんとするものは国体の変革を為さんとするものに該当し、仮令天皇の存在を認めても統治権総攬の実を失はしめんとするような場合は無論国体変革に関する犯罪を構成する。判例の示す通り朝鮮の独立を企図するのも国体を変革するものに外ならないのである」

要するに、朝鮮の植民地支配は、天皇が統治する国体そのものであり、「朝鮮の独立」は国体変革を企図するものとなるから治安維持法の処罰対象であるという法解釈であった。

ただし、留学生会とキリスト教関係者との接触は事実とされ、特高は神経を尖らせていた。供述によると、神戸市内の裵詳権の実兄宅で一九三八年一〇月初旬より翌年二月二六日に至るまでの間一〇数回にわたり会合が持たれ、その中で「朝鮮普通学校の朝鮮語科が廃止されまたは神社参拝を肯んぜざることを理由に朝鮮基督教系の崇仁専門学校等が廃校せしめられたるは日本当局の朝鮮人中より偉人を輩出せしめざる様防止し朝鮮民族を差別圧迫せる一例なり」との論議がなされた。

また一九三八年七月下旬、学校付近の路上で裵詳権は学友に対し「我々は朝鮮人牧師多数を包容せる朝鮮基督教の信仰を通して英、米等外国の軍事並経済上の援助を受け今次支那事変の長期化により日本が経済的に破綻を生じ敗戦するに至りたる好機に乗じて一斉に蜂起し朝鮮民族解放の為朝鮮独立を図るべく我々は予め斯かる場合に処する為朝鮮人大衆を率先指導すべき中心勢力を結成し置く必要ある」と語った。

文東建も在学中、裵詳権より朝鮮の独立思想を啓蒙され、留学生会の体育部長に任命された。また文は朝鮮天道教の感化を受け、人類平等の思想を抱懐するようになった。裵が文を留学生会に勧誘した理由は、文が比較的民族意識が濃厚であったからということである。裵は文に一九三八年一〇月初旬、三ノ宮駅付近の街路でこう語りかけた。「朝鮮基督教の牧師にして米国と密接なる関係にあるエル・エル・ヤングが朝鮮独立運動援助のため近く日本に渡来することになり居りて同人の話を聞けば独立運動の効果を挙げ得べく」として、留学生会とヤング牧師との接触を企図した。

ヤング牧師はカナダ長老教に所属し、監督宣教師として来日した。日本宣教部に所属し神戸で活動していたが、一九四〇年一〇月日本基督教の外国ミッションとの協調規約廃棄の件で、本国より引き揚げる旨の電報指令を受け取る。そしてヤング以下の宣教師は帰国の途に着き、朝鮮人のキリスト教関係者との接触は行われることはなかった。

一九四〇年一二月二六日、留学生会の学生に対して判決が言い渡された。裵詳権は懲役三年が確定し、文東建を含むそれ以外の三名には懲役二年、その執行には四年の猶予がなされた。

文東建の朝鮮独立秘話

北神商業朝鮮人留学生会独立運動事件について、文東建は『神戸新聞』一九四五年一二月一六日の「朝鮮独立秘話」の中で次のように述懐している。題名は、「同志獄中で倒れる。私は差別待遇の撤廃を絶叫」である。

〈文東建君（二九歳）在日本朝鮮人連盟（朝連）兵庫県本部青年部長。私は一八の年（筆者注：一三歳という説もあり）に日本に来て、昼はゴム工場へ勤め夜間学校に通い、労働に身を捧げてきた。中学に入ってから朝鮮の歴史を調べ、いろいろ研究の結果、日本の朝鮮に対する政策の片手落ち、差別待遇のいわゆる植民地政策の搾取主義に不平不満を持ち、わけても明治天皇の一視同仁の御諭しを無視して朝鮮に与えたものは国民三大義務の唯ひとつのみで、食糧方面にしても一年のうちで三ヶ月分の米しか渡さなかった。また旅行証明書にしても亦然り、斯様な政策に反抗するため遂にわれら同志四名が発起人となり、関西留学生会を結成したのが、導火線となったわけである。会長には関大秀才の裵詳権氏を置き、民族意識を徹底させ日本政策に反対しての運動を一年ばかり続けた。その間会議を盛んに開催し、パンフレットに決意を披瀝し、「私の心は汝の心である」と明記し、留学生三六名とともに地下暗躍を続けたものだった。李君などは車中で「蔣介石」を読書中、刑事に拘引されたこともあった。しかし私達も遂に逮捕される時が来て、八ヶ月の未決拘留（それ以前に二年間留置）、中川判事の判決の結果、治安維持法第七条により裵会長は二年六ヶ月、私は二年間の懲役服務者となった。その時私は叫んだ。「私は志士として立派に葬らって貰いましょう。斯し二五〇〇万の朝鮮同胞のため差別待遇をすることを撤廃して頂きたい。朝鮮独立万歳と」そして三人は涙を流してその場に倒れたのでした。常日頃から体の丈夫でなかった同志は獄中において血を吐き倒れた。そして死ぬ二時間前に「私は再び立ち上がるのだ」と言ったが、そのままでバッタリ倒れて遂に朝鮮独立運動先駆者ははかなくも散って行った。また今一人の同志崔昌鉉《チェチャンヒョン》氏も、八月一七日にわれらが独立運動の成果近しの祝杯を上げ、メチルアルコールを多量に飲みすぎて死んでゆきました。私等は関西においては先達である。多数の人達も朝鮮のために倒れたが、かくして建国運動の源泉はいまや滔々として怒濤の如き勢いをもって大勢を押し切って流れており、現在この朝連を結成するに至ったのである。〉

この手記は、文東建が初代委員長となる「在日本朝鮮建国促進青年同盟（建青）」を六日後に結成するに際しての決意表明である。文章では文東建の揺るぎのない覚悟が感じ取れる。『特高月報』では文は執行猶予とされていたが、証言では二年間の留置と八カ月の未決拘留、二年間の懲役服務という計四年八カ月間の獄中暮らしをしたと語っている。実際の拘留期間がどれくらいかは判明しないが、長期にわたる獄中生活が文東建の民族意識をさらに高めたといえる。

文は一九四五年のこの時期、「在日本朝鮮人連盟（朝連）」の青年部長という肩書きにあったが、それはまだ朝連と建青が対立する以前の状況であった。朝鮮は半年前に植民地支配から解放されたのであるが、その過程で文の同志たちが次々と倒れ、新祖国建設の姿を見ぬままこの世を去っていった。残された文たちは同志の遺志を引き継ぎながら、建国運動へ邁進することを誓い、自分たち青年の組織である建青を結成したのである。

第二節――建青兵庫県本部の初代委員長に就任

在日本朝鮮人連盟の結成

建青の結成を語る際に、忘れてはならないのが、朝連である。建青と朝連は、同時代のライバル組織でありながら、出自は重なるという複雑な生い立ちをたどっている。話は、朝鮮の解放にさかのぼる。

一九四五年八月一五日、日本敗戦によって在日朝鮮人たちは植民地支配から解放されると同時に、今後の処遇について自らで切り開かねばならない立場に追いやられた。それまで強制的に日本に連行され、軍需産業施設等に勤労動員されていた朝鮮人は解放が伝えられるや、路頭に放り出され、その日の糧にありつくこともままならなくなった。そうした朝鮮人の境遇を善処しようと、朝鮮人の中でも富裕層やインテリ、民族独立を求めて獄中に囚われた者たちを中心に、朝鮮人自治団体の結成機運が高まった。その目的は、朝鮮本国への帰還事業、生活向上運動、子弟への民族教育などで、それを具体的に実践する同胞大衆団体が必要とされていた。

そして、解放五日後の八月二〇日、東京都杉並区荻窪において「在留朝鮮人対策委員会」が結成されたのを皮切りに、全国各地で朝鮮人団体が産声を上げていった。その頃、朝鮮本国で米・ソの軍政が開始されたのを受けて、呂運亨《ヨウニョン》を中心に「朝鮮建国準備委員会」が結成された。それをきっかけに、在日朝鮮人は大同団結して全国組織の下、一元的な組織運営を行おうとの呼びかけがなされた。それに呼応した人びとによって八月二二日、「在日本朝鮮人連盟中央準備委員会」が発足した。準備委員会の委員長には趙得聖《チョドクソン》、副委員長には権逸《クォンイル》と金正洪《キムヂョンホン》が選出されたのであるが、趙は牧師で夫人はアメリカ人という関係から米軍とパイプがあり、権は旧満州国判事という経歴から日本と関係があり、そして金は共産主義者という立場から左翼との結びつきが強かった。委員長団三人がそれぞれの出身母体を代表するトロイカ体制で、当初朝連準備委員会は親日派から共産主義者まで幅広い人脈で成り立っていた。中央における準備委員会発足を受けて、大阪を始めとして全国でも準備委員会が次々と結成された。

そうして準備委員会が中央から地方へと整備される状況下、一〇月一五日東京日比谷公会堂に全国代表約五千名が集まる中、「在日本朝鮮人連盟（朝連）」が結成されるに至った。この結成集会は、五日前の一〇月一〇日に政治犯として獄中に囚われていた日本共産党（日共）の指導者である徳田球一や志賀義男らと共に釈放された金天海《キムチョネ》らが参加したことで、会場は弾圧に屈しなかった共産主義者を称えるボルテージで一挙に盛り上がった。そして会の式次第は共産主義者ら左翼主導で執り行われ、右翼や民族主義者はパージされ、権逸にいたっては親日分子というレッテルを貼られ暴力行為を受ける有様であった。

朝鮮建国促進青年同盟の結成

共産主義者主導による朝連の組織再編に不満を持つ若手の民族主義者である徐鐘実《ソジョンシル》、許雲龍《ホウニョン》らは九月一〇日、ひそかに同志一〇余名と「在日本朝鮮建国促進青年同盟（建青）」を組織した。ここに登場する許雲龍は初代建青の副委員長となり、文東建と共に朝鮮国際新聞社を創設するのであるが、その後旧日本軍憲兵の密偵であったとして査問にかけられ建青を追放されてしまう。徐鐘実は後に建青中央の副委員長となり、建青分裂後は「建青同志会」を設立し、文東建の「統一同志会」とともに「在日朝鮮統一民主戦線」（民戦）に参画するようになる。

九月二〇日に建青は、「朝鮮建国活動に呼応し、在日本朝鮮同胞に呈す」と題する檄文を配布し、同志の結集につとめた。そして一〇月一五日に結成された朝連が左翼陣営によってイニシアチブをとられたことから旧親日派の反共主義的幹部にも呼びかけ、一一月一六日に建青の結成を声明することに至った。委員長には洪賢基《ホンヒョンギ》、副委員長には徐鐘実と後に「在日本朝鮮居留民団（民団）」団長となる李禧元《イヒウォン》（兼外務部長）が選任された。

この建青に集う幹部の中には、「在日本朝鮮学生同盟」の幹部がそうであったように、GHQ（進駐軍総司令部）が終戦直後の日本の情報を収集するために、最も信頼していた人物も含まれていた。そして建青の活動資金もＧＨＱからかなり資金提供され、戦争直後の特別配給物資も優先的に回されていたのである。

発足当初の建青は組織力においては朝連に圧倒的に劣っていたが、資金力は豊富であったことから朝連は建青を殊更ライバル視し、両者の対立は抜き差しならない状況となっていく。

新朝鮮建設同盟の結成

一九四五年一二月一七日、関東大震災の混乱期に皇族暗殺を企図したという「大逆事件」で獄に繋がれていた朴烈《パンニョル》が、二二年ぶりに釈放となり秋田刑務所から出獄した。そして朝連では、戦前の独立運動に携わった英雄に敬意を表して、盛大な釈放歓迎集会を催した。朴烈自身としては、輝かしい闘争経歴を自負していたことから朝連の最高指導者として迎え入れられると期待していた節があるが、実態はそうではなかった。朝連は金天海ら共産主義者が要職を占め、無政府主義者であった朴が立ち入る隙はなく、失意のうちに朴は朝連とは距離を置くようになる。

そうした朴烈の姿を好機として捉えたのが、朝連を追い出された反共主義者や民族主義者らで、彼らは朴を担ぎ出し朝連に対抗する組織である「新朝鮮建設同盟（建同）」を一九四六年一月二日に結成したのである。建同の委員長には朴烈が、副委員長には一九三三年上海での有吉公使暗殺事件に関係して逮捕された過去を持つ無政府主義者の李康勳《イガンフン》、そして朝連を追放された権逸らが主要幹部となり、スローガンとして朝鮮と日本の融和、朝鮮の完全独立を主張した。

朝連兵庫の結成

中央に続いて、兵庫における朝連と建青結成の動きについて見ることにする。

一九四五年八月一五日の解放から二週間ほど過ぎたある夜、神戸市長田区の長田神社近くの、とある旅館で数人の男たちが会合を持った。その旅館とは、後に民団団長を歴任する金英俊《キムヨンジュン》の自宅を兼ねており、祖国に帰還する同胞たちの対応について協議がもたれたのである。また、当面帰還を見合わせ、日本に在留する同胞の民生問題（主に食糧確保や日常生活における自己防衛）についても話し合われ、朝鮮人が協力して対処することが決められた。そして今後の対応を協議する組織の必要性が確認され、その場で「兵庫県朝鮮人協会」が結成された。委員長には戦前朝鮮労働総同盟に属し治安維持法で検挙された経歴を持つ全海建《チョンヘゴン》が就任した。全は晩年、小倉百人一首を短歌式漢詩に訳した本を出版したことで知られる異色の人物でもあった。副委員長には同じく戦前の兵庫における有名な労働運動であった「兵神ゴムピストル争議」を指導した李民善《イミンソン》、そして若手の青年層を結集させる目的で青年部の創設が決定され、青年部部長に選ばれたのが文東建であった。

一九四五年一〇月、委員長の全海建が東京へ所用で出張している間、突然副委員長の李民善が役員会を招集して、「兵庫県朝鮮人協会」を「兵庫県朝鮮人連盟」に改称することを宣言した。この背景には、一〇月一五日に東京で朝連中央本部が結成され、それに呼応して全国各地で朝連地方本部が結成に向けて動き出していた、という事情がある。李民善のこうした抜け駆けとも言える組織名称の変更は、朝連中央の全国組織整備の方針に呼応したもので、委員長の全海建にしてみれば、留守中に寝首を掻かれたのも同然であった。一方、李民善の立場からは、戦前の共産主義運動を主導したのは自身であるとの自負もあり、兵庫における運動を中央の意向に即して作り上げる責任が自らにはあると考えていたのかもしれない。しかしながら、事実上のクーデターともいうべき組織名称改変劇に嫌気を感じた全海建は委員長を辞任し、後釜の朝連兵庫の委員長には李民善が就任した。すべては朝連中央と李民善のシナリオ通りに事が進んだといえる。そして朝連兵庫は副委員長に後に民団兵庫初代団長となる玄孝燮《ヒョンヒョソプ》、もう一人の副委員長を朴建永《パクコニョン》、総務部長には金英俊が就任することになった。

建青兵庫、結成への歩み

朝連兵庫が結成された直後の一九四五年一一月、建青中央の幹部である徐鐘実と許雲龍が神戸にやって来て講演会を催した。朝連兵庫青年部のメンバーが講演会に駆けつけ、二人の話に聞き入った。内容は、「朝連中央が共産主義者に事実上乗っ取られた形で、右翼や民族主義者が煮え湯を飲まされた。兵庫においても注意を怠るな」といったもので文東建ら朝連青年部に警告を発した。

そして建青中央の熱弁に共感した朝連兵庫青年部二〇名のメンバーは、建青中央本部事務所の移転をめぐって、朝連中央と武力衝突が起こった際、建青の助っ人として東京に馳せ参じた。これを呼びかけたのが玄孝燮であり、世に言う「神田市街戦」である。一一月二九日に建青本部を襲撃した朝連行動隊と、迎え撃った建青側とで大乱闘が繰り広げられた。その際、双方がピストル、日本

全国に名を馳せたアリラン部隊（『民団兵庫55年の歩み』より）

刀、鉄棒で武装したことで、重傷者が多数発生し、日本の警察も対処できないことから、米軍の装甲車とMPが出動し鎮圧に当たる緊迫した状況であった。朝連兵庫の青年部メンバーは先頭に立って乱闘に加わり、一人が胸部を刃物で刺され、入院する事態となった。この乱闘劇は、形としては朝連中央行動隊の青年と朝連兵庫の青年部の対決という奇妙な内ゲバであるが、朝連兵庫青年部は建青中央に感化され建青側に肩入れしたのである。

事件後、朝連兵庫青年部メンバーはGHQを訪れ、スチーブンス大佐からその勇猛さを賞賛された。そして神戸までの帰途として貨車一両を特別に配車され、ついでにビール一〇数箱の差し入れを受けるなどの歓待を受けた。こうして青年部メンバーは、車中酔いに任せて朝鮮民謡のアリランを熱唱し、神戸へと帰っていった。このメンバーは後に「アリラン部隊」と呼ばれ、彼ら青年たちが中心となって、建青兵庫が翌一二月に結成されるのである。

こうした建青結成の背景には、朝連が共産主義者の主導により次第に左傾化していったことが挙げられる。一九四五年一〇月、徳田球一や金天海らが府中刑務所から釈放され、日共が再建されるに及んで、朝連が党の指導に服していく事態が明らかとなっていた。朝連には朴恩哲《パクウンチョル》ら日共のフラクション（影の指導機関）が存在し、朝連から多額の資金が共産党に流れていた。朝連には民族主義者や経済人も資金を援助した関係上、金を出した者たちにとってこうした事態は看過できない状況であった。一九四六年に入ると、朝連の地方支部にまで日共の細胞が組織されるようになり、党の方針が直接朝鮮人活動家に下降される「細胞組織」が形作られるようになった。このような共産党主導の上部機関による下部組織への指導体系は、自主的に祖国の建設に燃え上がる青年には受け入れることが困難で、兵庫においても青年層の朝連からの離反の萌芽が表れ始めた。

建青兵庫の結成

建青兵庫県本部が発足したのは一九四五年一二月二二日であるが、その一〇日ほど前の神戸新聞に次のような広告記事が掲載された。

冒頭は「朝鮮青年同士諸君!!　燃上ル民族意識ヲ建国促進ニ捧ゲヨウ　朝鮮建国促進青年同盟兵庫県（本部）結成大会」と銘打たれ、続いて「主催　朝鮮建国促進青年同盟兵庫県（本部）準備委員会」そして「後援　在日本朝鮮人連盟兵庫県本部」と記されているのであった。後に犬猿の中となり、血と血で洗う抗争を繰り広げた建青と朝連が奇妙にも名前を連ね、ましてや建青の結成集会に朝連が後援を行うことは、まさに「事実は小説よりも奇なり」と言える。

なぜ、建青と朝連は一時期であれ、中央と異なって兵庫において関係は良好であったのか。それは両組織を構成する幹部や盟員が相互にまたがって所属していたからに他ならない。一九四五年一〇月に朝連兵庫県本部は結成されたのであるが、委員長は戦前からの共産主義者である李民善、副委員長には後の民団兵庫初代団長となる玄孝燮で、青年部長が初代建青委員長となる文東建であった。この三人の生き様はまさしく三者三様で、後にそれぞれ袂を分かつのであるが、解放直後の朝連創成期には間違いなく同志であったのである。

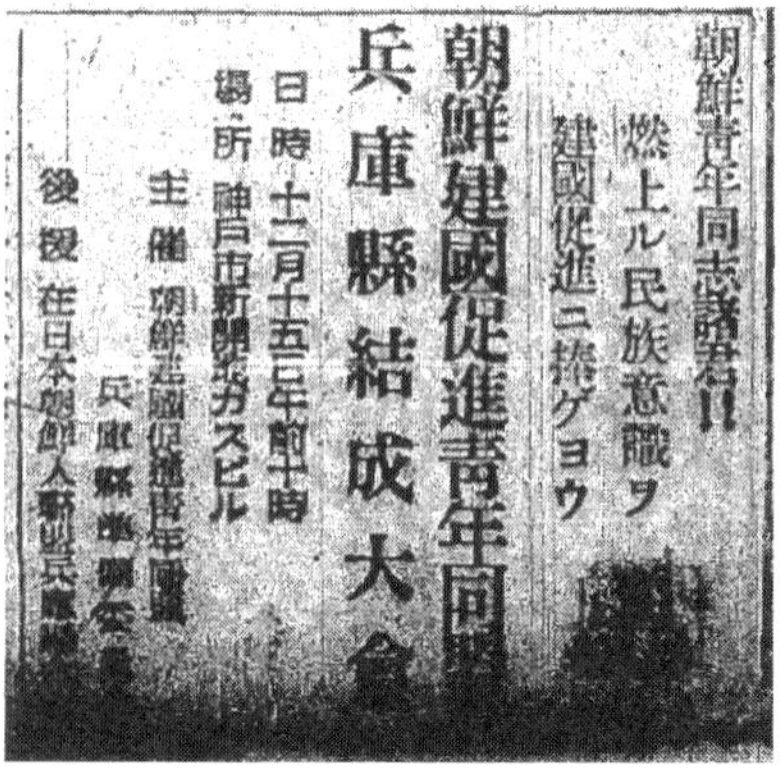
朝鮮青年同志諸君!!
燃上ル民族意識ヲ
建國促進ニ捧ゲヨウ
朝鮮建國促進青年同盟
兵庫縣結成大會
日時 十二月十五日午前十時
場所 神戸市新開地ガスビル
主催 朝鮮建國促進青年同盟
兵庫縣準備委員會
後援 在日本朝鮮人聯盟兵庫縣

建青兵庫結成大会の広告記事
（『神戸新聞』1945年12月13日）

また、当時の朝連と後に建青の母体となる朝連青年部の関係について、神戸新聞一九四五年一二月八日に興味深い記事が掲載されている。

〈朝鮮人連盟は終戦後九月一四日に全海建氏らを発起人総代として設立されたが、機構も六部一八課に細分され四〇人の職員を擁している。中で最も注目されるのは青年部で、二〇歳前後の血の気の多い青年で自衛隊を組織、朝鮮の名誉保持のため自国人の闇取締りや、またMPと協力して朝鮮人在住者の多い地区で街の不良狩りを行ったり、連盟の尖兵的役割を活発に果たしている。この自衛隊中には独立運動の嫌疑で貧困の生活を送り、終戦で解放された情熱漢も交わっているが、大半が学生だけに知的水準が高く三六年にわたる圧政は憎むが、日本人個人はわれらの友だと丁度日本の明治維新時のような志士的雰囲気のなかに祖国建設へ若い血を燃やしている。連盟の青年部は近く発展解消して朝鮮建国促進青年同盟としてこの一二月一五日神戸ガスビルで結成式をあげるが、朝鮮といえばすぐ全国的に共産主義の色に染まっている風に内外に解釈され勝ちなので、この誤解を解くためにも建国第一主義を指標に猛運動を起こす計画を持っている。〉

この記事から分かるように、建青と朝連は、中央においては最初から別個の組織であった。しかし兵庫において建青は、朝連の青年部として出発していた。そして共産主義者中心の朝連とは一線を画し、民族主義者を含む幅広い青年層を網羅し、祖国建国を第一目標とする運動体を文東建らは作ろうとしたのである。

兵庫において、少なくとも一九四六年一月までは建青と朝連は比較的良好な関係を維持していた。その一つの表れが、一月二七日に開催された「進駐軍歓迎拳闘大会」であった。開催場所は、一九九五年の阪神・淡路大震災まで長田区にあった神戸市民運動場の野球場で、在日本朝鮮人東洋拳闘選手権をかけて試合が開催された。主催は建青で、後援が朝連と文東建が関わる「朝鮮人自由商人

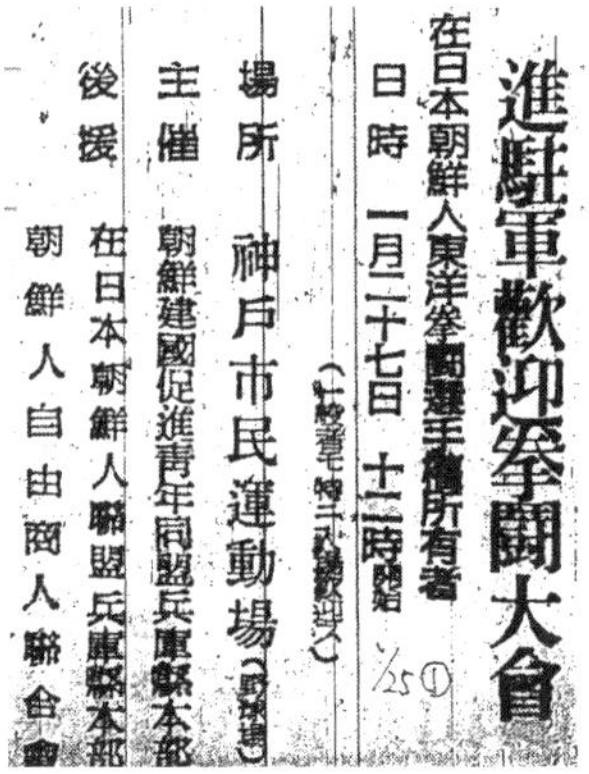
進駐軍歓迎拳闘大會
在日本朝鮮人東洋拳闘選手権所有者
日時 一月二十七日 十二時開始
場所 神戸市民運動場（野球場）
主催 朝鮮建國促進青年同盟兵庫縣本部
後援 在日本朝鮮人聯盟兵庫縣本部 朝鮮人自由商人聯合會

進駐軍歓迎拳闘大会の広告記事
（『神戸新聞』1946年1月25日）

連合会」となっていた。当時米軍は、朝鮮人の間で日本の植民地支配のくびきから解放してくれた「恩人」として受けとめられ、また共産党もこの時期は米軍を「解放軍」と規定していた。そうしたことから、左右こぞって進駐軍を歓迎してボクシング興行を打って出たのであり、これが兵庫における建青と朝連の最後の共同事業となった。

以後、本国の情勢が左右対立を深める中、自ずと兵庫の朝連と建青もその渦に巻き込まれ、意見対立が表面化し別々の組織へと歩み始めるのである。

兵庫における建青と朝連

中央においては、建青と朝連は発足直後から対立関係にあったが、兵庫においてはそうはならなかった。その経緯については前述したが、ここではさらに両組織をめぐる人員のつながりについて見てみたい。

まず朝連結成直後は、民族主義者も共産主義者も等しく朝連の傘の下に集っていた。これは中央の事情とは大分異なるが、兵庫においては朝連に結集した中に、親日分子や戦争協力者として直接関わった者はいなかった。すなわち、東京における権逸のような旧満州国の判事出身や親日協力機関の「一心会」に所属した者は、兵庫においては見られず、朝連内の共産主義者も民族主義者も共に植民地時代に苦楽を共にした同志であった。

次に植民地時代の共産主義者が、畏敬の念を持って在日同胞から見られていたことがある。戦争の拡大に伴って、民族主義者が次々と独立運動から身を引き、沈黙していく中にあって、共産主義者は最後まで民族独立の旗を守り続けてきたと信じられてきた。もちろん、過酷な獄中体験によって、転向する者がいたことは確かであったが、それでも建青の民族主義に染まった若者にとっては、朝連の共産主義者は独立運動の闘士として尊敬されていたことは間違いない。

しかし、だからといって無条件に朝連の運動方針が、民族主義的な青年層に受け入れられたわけではなかった。ここには、共産主義者と共産党との不可分かつ対立的な要素が絡み合っている。

建青の運動を担った青年層の中では、朝連幹部の壮年層に比べて、共産主義者である率がそれほど高くはない。それには訳がある。日本における共産主義運動は、特高警察や憲兵による弾圧によって壊滅的な打撃を受け、日本共産党も一九三五年には党としての機能を果たせなくなっていた。さらに、マルクスやエンゲルスの共産主義に関する文献も次々と発禁処分とされる中にあって、在日朝鮮人を含む一般民衆が共産主義に触れ合う機会は皆無となってしまった。また、共産主義者イコール「アカ」は、非国民であるとのレッテルから、関わりを持たないような風潮が軍国主義化の世相に広まっていった。建青の盟員のほとんどが、二〇代から三〇代の青年であり、彼らが成長する一〇代の頃は共産主義の空白期間であったといえる。これに対して、朝連の役員はほとんどが四

○代以上の壮年層で、青春時代に共産主義に感化された経験を持つ活動家が多数占めていた。すなわち朝連内の幹部クラスと青年部に一種のゼネレーション・ギャップが存在し、それが運動方針をめぐって微妙なズレが生じさせていたことを示していた。

また、朝連内にも共産主義には共感しつつも、共産党にはアレルギーを持つ勢力があった。戦前のスターリンによる「一国一党原則」により、在日朝鮮人の共産主義者は日本共産党の指導を受け、「民族独立」よりも「天皇制打倒」を優先課題とすることを強いられた。そのため、「民族独立」の旗を降ろされたと感じる戦前の在日朝鮮人運動の苦い記憶が甦り、戦後も日共の指導を引き続き甘受せねばならないかと危惧する人々が朝連内部にも少なからずいた。そうすると、日共に指導される朝連の目標が、「独立祖国建設」よりも「日本革命」に活動のウエイトを占めてしまうとの声が上がった。実際、その後の歴史はまさにその通りになるのであるが、若い青年層にとって独立した祖国の建設は、譲ることのできない最重要課題であった。そして、それは朝鮮本国の「信託統治」をめぐって、朝連と建青に深刻な対立を引き起こすことになる。

信託統治をめぐる対立

一九四五年一二月一七日、第二次世界大戦の戦勝国である米・英・ソの三国が戦後の国際秩序について話し合おうと、モスクワにて外相が集うことになった。そこにおいて朝鮮は、「独立国として再建し、民主主義的諸権利に基づいて国を発展させる条件を創出し、且つ永年にわたる日本統治の有害な諸結果を迅速に清算するために、諸条件を創りあげる目的をもって……五カ年を期限とする米・ソ・英・中の諸国による信託統治を行う」とされた。このいわゆるモスクワ協定によって朝鮮は戦勝国による五年間の信託統治下に置かれることになるのであるが、日本の植民地支配から解放された朝鮮人にとっては到底受け入れることのできない決定であった。

モスクワ協定に対して、建青と建同は「信託統治反対」の立場を取り、全国各地で活発な「反託」の民衆大会を催した。しかし、朝鮮半島北部のソ連の軍政下にある金日成《キムイルソン》を首班とする北朝鮮人民委員会は、信託統治に賛成することを表明し、朝鮮半島南部で「賛託」「反託」の対立の嵐が巻き起こった。北朝鮮人民委員会は「米、英、ソの反ファシズム解放勢力が民族の独立を保障した信託統治を受け入れることこそが最善の道である」として、自主的な建国の道よりも国際情勢に合致した国家建設を選択したのであった。

朝鮮本国の信託統治問題について朝連は沈黙を守ってきたが、北朝鮮人民委員会に追随する形で「……連合国が朝鮮を解放した。従って解放主の決定を支持することが民主主義である」というテーゼをそのまま踏襲した。ここにおいて建青と朝連は、信託統治問題を契機として決定的な意見の相違を見ることになり、暴力をも辞さない抗争へと発展するのである。

建青、朝連の経済的対立

一九四六年二月、ソウルで開催された米ソ共同委員会が決裂したことで、信託統治をめぐる朝鮮本国内での左右対立が激化していった。日本においても同時期、朝連の臨時第二回大会において信託統治問題が論議され、会場は「賛託」「反託」をめぐって紛糾していた。そのさなか、建青の行動隊員が乱入し、大会は混乱したが、結局朝連は賛託方針を採択するに至った。

そうした政治的対立に加えて建青と朝連の間で、日本の軍需物資摘発や闇取引、米軍からの配給物資に絡む「利権」の争奪戦がエスカレートしていった。ここでいう「利権」とは、敗戦により戦勝国民と自認した朝鮮人、台湾人、中国人が、極度の品不足とインフレの中、流通を独占し利潤を上げ莫大な財をなしていったという物の流れを指す。この「利権」を維持・拡大するために、各々の民族団体は敗戦国日本の行政・警察から独立した「治外法権」とも言うべき解放区、いわゆる「闇市」を舞台に活発な商取引を行っていたのである。彼ら民族団体は、目的のためには暴力をも辞さない愚連隊のような青年層を取り込み、縄張り争いが各地で頻発していた。

建青は絶対的な統治権者である米軍と緊密な関係を保ち、なおかつ主要な構成メンバーが血の気が溢れる若手で占められていることから、危険を伴う闇市での商業活動はお手のものであった。筆者はかつて建青の流れを汲む民団系の青年団体に所属していたのであるが、あるとき建青時代の資金集めのカンパ活動の話を聞いたことがある。当時の建青盟員はカーキ色の軍服と足にゲートルを巻いた出で立ちで、米軍払い下げのジープを颯爽と繰り出し、お目当ての企業に乗りつけていた。そして企業の入り口のドアを開ける際は、手を使わずに足で蹴っ飛ばすのが建青の作法であった。さらに社長の机の上にドカッと腰を下ろし、提示した金額を支払わない限りは手ぶらで帰ることはなかったという。暴力団まがいの取立てで、「泣く子も黙る建青」と恐れられていた。

建青の商取引に比べて、朝連は米軍との関係では後塵を拝し、また青年層の組織化も十分進んでいなかった。そのため人員では建青を圧倒していたものの、経済的には一歩出遅れていた感は否めなかった。そこで朝連側も建青に対抗できる青年行動隊が必要であるとの認識から、一九四六年一月頃から朝連内に「保安隊」または「自治隊」と称する組織内における自衛隊が結成された。そしてこの自衛隊の隊員が腕章を身につけたことで、他組織を威嚇するシンボルとして名を馳せるようになった。その後、米占領軍は朝鮮人が我がもの顔で闇市を闊歩し、あたかも自治区のようにふるまうことから規制に乗り出し、一九四六年二月一九日「刑事裁判権の行使に関する件」の覚書を発し、在日朝鮮人は日本の法権に服することを指令した。さらに日本政府も暴力主義団体の解散を規定した勅令（第一〇一号）を公布し、その行動を制限しようとしたが、朝連側はこれに従わなかった。そして遂に四月二四日、占領軍は「朝鮮人自治体の如き如何なる警察的機関も認めず」という見解の下、自衛隊の解散を命じたのである。

こうした状況の中、朝連は五月一〇日「全国自治隊長会議」を開催し、「自治隊」に代わって青年の教育に主眼を置いた行動的な共産主義闘争を実践する「在日本朝鮮民主青年同盟（民青）」を創設することになった。そしてこの民青が建青に対抗する朝連の青年組織となり、全国で建青と新たな抗争が繰り広げられていくことになる。

帰還事業にまつわる利権の実態

当世、「社会事業」といえば何かボランティアのイメージが先行し、利潤を上げる商売とは縁がない「崇高」な響きが感じられる。しかし実態は、当事者がいかなる表現をしようとも、「奉仕」という美名の名に隠れた金儲けに過ぎない「社会事業」も少なくない。

朝連は、「同胞のための社会事業団体」を標榜し結成されたことから、本国帰還事業、民生問題、教育活動など多岐にわたる活動をこなしていくことになった。組織事業体であることから、活動の過程で多くの人員と多額の資金が出入りすることになり、その勢いは戦前に壊滅的打撃を受けて組織再生もままならなかった日共のバック・ボーンとしての存在感を知らしめていた。

一方の建青は、米軍の横流し物資を闇市で売りさばく手法で財を成したが、その方面では朝連は遅れを取っていた。しかし、朝連は建青にはない利権を有していた。それが帰還事業に伴う「交通パス」の存在であった。

一九四五年の解放直後、在日朝鮮人が本国へ帰還する際は、自費で漁船をチャーターして荒ぶる玄界灘を越えるのが常であった。朝鮮人の本国帰還の熱意はすこぶる高く、八月一五日から一一月三〇日までに五五万人もの人々が、難破という危険を冒しながら帰国の途についた。日本政府は、日本人の大陸・南方からの引き上げを最優先したことで、朝鮮人の帰還に対しては無策を決め込んでいた。それが一一月になって、GHQからの指令に従いやっと重い腰を上げ、朝鮮人の本国計画輸送に着手した。そして帰還事業が打ち切られる四六年一二月までに約八〇万人が帰国したのであったが、運輸省から交付された「交通パス」を一手に引き受け、一般同胞に配布する事業を担ったのが朝連であった。そのことで朝連は莫大な中間利益を上げたといわれ、これが社会事業を通じた商業活動となり、組織維持の有力な経済的基盤となった。

朴烈の登場

一九四六年二月二一日、大逆事件で収監され解放後出獄し、建同の委員長に就任した朴烈が神戸を訪れることになった。朴烈は大正天皇の摂政であった皇太子時代の昭和天皇の暗殺を企図した容疑で捕らえられ、二二年間獄中暮らしをした、在日朝鮮人にとっては伝説の人物であった。朴自身は釈放後、自らの経歴からいって在日の運動のリーダーになるべきだと考えていたが、先に釈放された金天海を中心に朝連は共産主義者によって主要ポストを押さえられていた。

朴烈は無政府主義者として朝鮮独立運動に寄与したと一般に思われてきたが、獄中で転向しており、天皇を敬い帝国臣民として生きるということまで言ってのけた。そうした事実は、朝鮮人の間では公然の秘密で、「裏切り者」と陰口を叩かれる始末であった。しかし朝連側からすれば、朴烈を信奉する同胞はまだまだ健在であり、利用価値はあると判断した。そうして朝連は、朴を何の権限もない名誉職である最高顧問として推戴しようとした。こうした朝連の意図を察した朴は、朝連とは一線を画し、朝連から排除された親日分子や右翼勢力で結成された建同に迎えられて、初代委員長に就任した。

朴烈と金天海は、後に時期は違えど北朝鮮に渡ることになる。もっとも朴の方は、朝鮮戦争中に北朝鮮人民軍によってソウルから拉致されたという説もあるのだが、在日朝鮮人運動創成期におけるライバルは、共に北朝鮮で客死することになる。数奇な運命というしかない。

朴烈の神戸講演

兵庫における建青と朝連は、当初中央と違い意見の差異はありつつも暴力的な対立関係にはならなかった。そして兵庫の在日朝鮮人運動においては互いに協力関係にあり、組織を超えた人的な繋がりも維持されていた。それが一九四六年二月、決定的な対立を迎えることになる。

その原因は、朝連と決別した朴烈と李康勲が、神戸を訪れて講演会を催すということから始まった。講演会の名称は「朴烈　李康勲先生　歓迎民衆大会」で、主催者は建青兵庫、日時は二月二一日を予定としていた。建青としては独立運動の大先輩であり、朴烈の出獄後の記念すべき第一声となるのが神戸でということで、栄《は》えある任務と感じたのであろう、組織を挙げての取り組みとなった。

しかし朝連兵庫としては寝耳に水の事態で、組織とは何のかかわりもない、しかも敵対関係にある建同の委員長を建青が講演会に担ぎ出すということは絶対容認できなかった。しかも二月二一日は、当時日共の最高指導者であった野坂参三が神戸で講演会を開催する日と重なり、建青の行動はあえて野坂の講演会に朴烈の講演会をぶつけてきたと思える。朝連は野坂講演会の共同主催の一団体であり、当然組織動員の上、県下の青年層にも幅広く参加の呼びかけを行っていた。そうしたところに建青が朴烈講演会を同日に行うと宣言したことにより、両者の溝は決定的に深まった。

建青は講演四日前の二月一七日より連続四日間、神戸新聞に広告記事を韓国の国旗となる太極旗の絵入りで掲載するほどの力の入れ様で、その呼びかけ文の内容は以下の通りである。

〈朝鮮民族解放一大先覚者の絶叫を聞け!!　我等が待望の本国情勢の真相を聞こう　我が同胞よ!!!　建国の為に立上った朴烈・李康勲先生の絶叫を聞き指導を仰ごう　来れ!!!　聞け!!!〉

そして講演終了後に朝鮮建国大演奏会を催す予定とあった。さらに二月二一日は、会場の神戸海員会館において映画「若人」の封切初日であったが、それをわざわざ延期させてまでの朴烈講演会開催であった。新聞広告掲載といい、映画の上映日をずらしてまで会場を押さえたことといい、その労力と費用は並大抵のものではないはずであった。そうまでして建青は朴烈講演を是が非でも二月二一日に行うことにこだわったのであり、呼びかけ文にあるように建青は日共や朝連の指導ではなく、朴烈や李康勲らの右翼民族主義者について行くことを鮮明にしたのである。

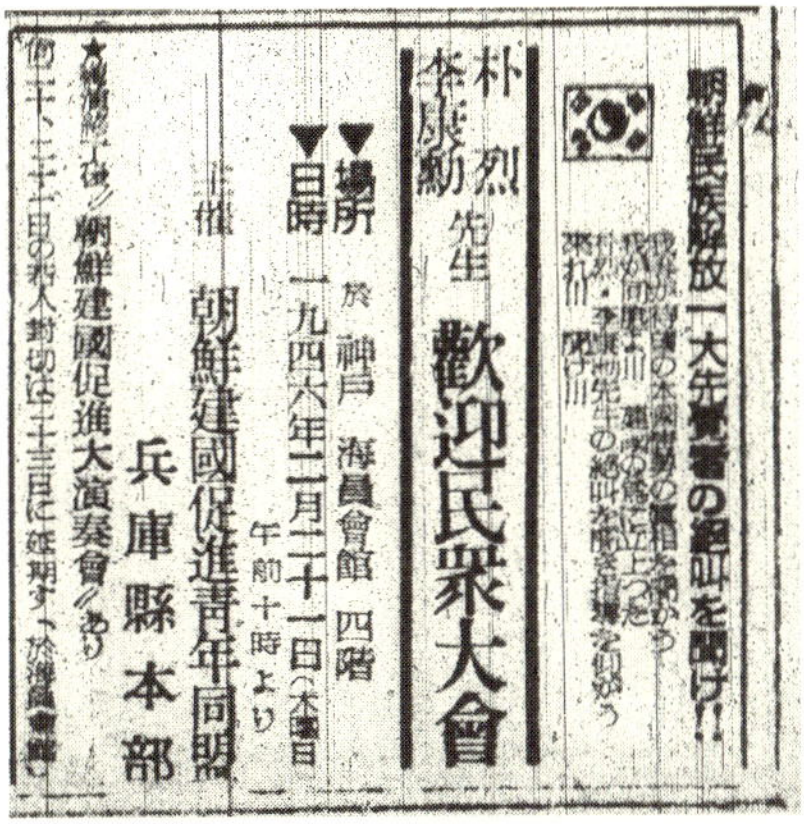
朝鮮民族解放一大先覺者の絶叫を聞け!!
朴烈
李康勲　先生　歡迎民衆大會
▼場所　於　神戸　海員會館　四階
▼日時　一九四六年二月二十一日
午前十時より
主催　朝鮮建國促進青年同盟
兵庫縣本部

朴烈　李康勲歓迎民衆大会の広告記事
（『神戸新聞』1946年２月17日）

朴烈の講演内容は、「朝鮮建国及び東洋平和」と題され、李康勲は釈放直後に朝鮮へ帰国し一月に渡日したばかりで、「最近の朝鮮事情」という題目で講演予定であった。また講演会には日本人に対しても聴衆参加が呼びかけられ、建青結成の綱領にある「国際親善を期す」ことにも一役を買う形となった。

二つの講演会

二月二一日、建青と朝連がメンツをかけ総力で取り組んだ講演会が、神戸市内でそれぞれ行われた。野坂参三の歓迎人民大会は、兵庫区の湊川公園音楽堂で開催され、日共、社会党、労働総同盟、市内各重要工場労働組合、そして外国人団体からは朝連と台湾省民会による共同主催となっていた。大会スローガンには「即時民主戦線結成」が謳われ、共産党青年同盟コーラス隊によって「インターナショナル」や「赤旗の歌」が合唱されるといったいわゆる「左翼的」な大会運営に終始した。野坂は約三千人の聴衆の拍手に迎えられて壇上に登場、やや低い声で「現代日本の直面する困難な諸問題を解決するには何よりも下からもりあがる力としての民主戦線の即時結成が急務だ」と語った。ここでの「民主戦線」とは、日共から社会党、労働組合、そして朝連などの外国人勢力を含む広範な左翼連合戦線を結成することで日本革命を推し進めようとするものであった。当然、朝連も日本革命の一役を担う存在として扱われ、独立祖国建設の目的は二次的な課題として引き下げられる危惧があった。建青がこうした運動路線を甘受するはずがなく、独自の道を歩んだことも無理はなかったと思われる。

建青ビル前にて。第一列真ん中の人物が李康勲でその右隣が文東建（『民団兵庫55年の歩み』より）

朴烈講演会顛末

建青の鳴り物入りで企画された朴烈講演会は、結局病気療養という理由で朴欠席のまま、李康勲の講演のみが行われた。それでも建青は講演会終了後に信託統治反対の旗印を掲げ決議文を採択、一千人の聴衆と共に朝鮮独立の旗を振りながら神戸市街をデモ行進した。そして建青は決議文をＧＨＱに伝達し、彼らの主張をマッカーサーに伝えたのであった。ちょうどこの時期、北朝鮮でソ連の指導の下、人民政府の樹立の動きが顕在化した。ＧＨＱはモスクワ協定の履行を楯にこうした動きを容認せず、どこまでも朝鮮の「統一臨時政府樹立」を主張した。建青兵庫の動きはＧＨＱの意向と合致したものであり、両者の思惑は一致していたと言える。

講演会は朴烈のドタキャンというアクシデントもあったが、もう一人の演者の李康勲は、講演会をきっかけに文東建ら建青兵庫との関係を強め、後の「統一民主同志会」の結成に繋がるのである。

二月二一日の同日集会開催を契機に、朝連が次第に共産主義的な路線を歩んでいくのに反して、建青は独自に青年層と商工人を基盤にして活動を展開していくのであった。それに刺激されてか、朝連も同胞大衆に立脚した運動路線を再定立していくのである。

同日集会の翌二月二二日、朝連兵庫は臨時大会を開催した。大会スローガンは「我等の総意を結集せる兵庫県本部の臨時大会へ　建国の意欲に燃ゆる我等の声！　生活問題・帰国問題・本国の情勢其他凡ゆる問題を臨時大会の声に聞け！」と、一見すると建青の主張と差異がない経済問題を主なテーマとする内容で、建青の支持層に喰い込もうとする意図が見て取れる。

こうして建青と朝連は独自の道を歩んでいくのであるが、「民族独立」を願う気持ちには差はなかった。毎年三月一日は朝鮮人にとって、一九一九年に朝鮮独立を叫んで朝鮮半島全域で独立運動が闘われた記憶すべき記念日である。朝連、建青が別々の道を歩もうとも、三・一独立運動の精神を継承する意思に隔たりはなかった。兵庫における「三・一運動記念人民大会」は兵庫区の湊川公園で開催されたが、主催として朝連の名は出さず県下の各地域から約五千人が「有志」として参加した。最初に、「朝鮮の完全自主独立」を願いながらも闘いの中で倒れていった革命戦士に対して黙禱を捧げた。次にこの時期よく歌われた金順男《キムスンナム》作曲の解放歌謡「独立の朝」を参加者全体で合唱した。その後、朝連委員長代理として副委員長の朴建永が開会の辞を述べ、続いて建青ともつながりがあるもう一人の副委員長玄孝燮が祝辞を行った。そして朝鮮民衆新聞神戸支局長の肩書きで全海建が「三・一運動史」を講演、「朝鮮独立万歳」を全体で唱えて、大会は成功裡に終わった。引き続き、参加者は手に太極旗を掲げ、「独立万歳」を叫びながら、進駐軍神戸地方憲兵司令部、CIC渉外局などを歴訪し解散した。

この時点で、朝連も建青もすべての在日朝鮮人も祖国が分断されるとは思っておらず、以後「三・一独立運動記念集会」は建青、朝連それぞれの分散開催となる。

玄孝燮、建青委員長に就任

玄孝燮は朝連兵庫結成以来、副委員長という重責にありながらも、常に建青の背後にその存在感を示していた。一九四五年一一月の「神田市街戦」に兵庫の青年を建青中央の助っ人にたきつけたのは玄孝燮であり、その後も陰に陽に建青兵庫には玄の影が常に付きまとっていた。

朴烈講演会を巡って朝連と建青が対立した翌日の一九四六年二月二二日、朝連兵庫臨時大会において玄孝燮は副委員長として再選され、朝連において健在であることを示していた。しかし四月八日、突如朝連兵庫情報部は玄孝燮を「停権処分」に付したと発表した。処分理由は「建青の相談役として対外活動を行なった」というもので、建青の黒幕としての存在が朝連としても看過できない事態となったと考えられる。同時に朝連執行委員は建青盟員でもあった一〇名を朝連執行委員及び常任委員の役より除名することを決議した。これで朝連と建青は、対立しつつも共に兵庫の在日朝鮮人運動を担ってきたこれまでの枠組みから、決定的に別組織として異なる道を歩むことになる。

玄孝燮
（『民団兵庫55年の歩み』より）

その後、玄孝燮は建青に正式に加入し、四六年五月の建青執行委員会で新委員長に選出された。文東建は副委員長となったわけであるが、委員長交代の理由は明らかにされていない。一九四八年に建青兵庫が分裂した際、文東建を糾弾する声明が玄孝燮支持グループから発せられた。その中で文は初代委員長時代、「借財に対する不正行為と建青盟員に対する暴力行為」により「除名」されたとなっている。しかしそういった類の記録は存在せず、委員長交代劇は不明のままである。

とは言え、ここにおいて玄孝燮と文東建の両輪による組織体系が創出されることによって、朝連に対抗できる組織力と財力を建青は得ることになる。

建青兵庫の民族教育

建青兵庫は朝連ほど積極的ではなかったが、民族教育に力を入れていた。闇市を中心とする商業活動が「売り」の建青であったが、教育・文化活動にも力を入れたのは、多分に文東建に負うところが大きい。

建青兵庫は、朝連と決別した時期の一九四六年二月、独自のプログラムで民族教育を実践しようと期成準備委員会を設立し、「朝鮮建国小学校」創立を決定した。教育方針として、児童に対する初等民族教育を主眼に置き、教師募集の告知を行った。学校創立の趣旨は、「朝鮮人学童は押しなべて日本帝国主義の教育を受けて来ているので、その弊害をなくすため民族的感情の発露である朝鮮の国語、歴史を主として再教育する」というものであった。募集人員は四〇〇名、入学期日は四月一日、入学資格は国民学校在学中の者で、申し込み場所は文東建所有の兵庫区福原町の旧長谷川ビル内の建青事務所であった。指定校として、東部地区は吾妻小学校、西部地区は神楽小学校となっており、朝連の民族学校と同じ敷地内に学校を設立することになった。すなわち同じ学校内に二つの民族学校が併存するという事態となったのである。

地域の同胞が、建青と朝連のどちらの学校を選択するかについては、現在と異なって南北分断による思想教育の違いが顕在化していなかったことから、判断基準が難しかったと思える。それでも当時の児童の証言によると、建青の学校には進駐軍横流しの脱脂粉乳などの配給物資が給食として出されていた。そのことを理由に建青の学校を選んだと、当時の様子を述懐している。

しかし建青は、一九四八年四月の阪神教育闘争のきっかけとなるＧＨＱの学校閉鎖命令にあっさりと従い、民族教育から手を引いてしまった。神戸の建青の民族学校はわずか二年で終焉を迎えてしまう。それは、朝連のように米軍の意向に反旗を翻すことができなかったと同時に、朝連の対抗上民族教育に着手した側面が強く、実際はそれほど、教育活動には本腰を入れていなかったように思える。

建青兵庫の活動

一九四六年六月一五日、建青兵庫は兵庫県庁前の神戸栄光教会で「国際青年聯歓大会」を開催した。後援は中国国際新聞社と朝鮮国際新聞社で、来賓団体として中国国民党駐神戸直属支部と神戸華僑総会、神戸中華青年会、そして神戸台湾省民会の名が挙がっている。この頃、すでに朝連とは関係が途絶した状態にあり、独自の集会企画・運営であった。集会の呼びかけ文として、「来レ！意気ニ燃ユル中国、韓国青年！」とあることから、反共的な国民党との国際連帯を建青は選択したことになる。また特別上演として、中国、朝鮮の古典民謡が上演され、青年層の結集を図ったと思われる。

同年七月、建青は、太平洋戦争において軍属として徴用され死亡した朝鮮人同胞を慰霊するための活動を行うと発表した。建青が遺骨の保管場所を探すため、船舶運営会と折衝した結果、三二〇余柱の所在が判明した。そのうち、神戸市内の寺院に安置されていた一二柱の遺骨を建青本部の奉安殿に移し、亡くなった徴用工の冥福を祈っているとのことであった。建青は今後慰霊祭を行い、忠魂碑を建立する予定であることを言明した。併せて朝鮮本国に特別派遣員を送り、遺族へ遺骨を送り届ける手続きを行うことも明らかにした。

その後、この徴用工の慰霊活動や遺骨返還がどう推移したかは判然としない。朝連と対立を深める中、慰霊活動が中断し、うやむやになってしまったのであろうか……。建青のこうした行いは、誠に無責任であるとのそしりを免れかねないが、戦時下に徴用され解放後建青に参加した朝鮮人は少なくない。徴用で引っ張られた多くが身体強健な若者で、祖国に帰還することなく日本に居住した青年が、拠るべき組織と頼んだのが建青であった。「空手バカ一代」で有名な極心空手の創始者・大山倍達こと崔永宜《チェヨンイ》も、千葉県で軍に徴用され、解放後は建青千葉県本部委員長や建青中央本部の体育部長を歴任した。

兵庫における徴用工も、建青盟員にとっては過酷な労働に従事した同志であり、祖国に帰ることなく無念の死を遂げた仲間の境遇を嘆き悲しみ、慰霊事業を行ったのであろう。

解放記念一周年慶祝大会

日本の敗戦により朝鮮の植民地支配が終わりを告げ、これからは朝鮮人による自主的な国づくりが行われるかのように思えた。しかし、実際は一九四五年一二月の米・英・ソ三国外相会議による五カ年の信託統治という大国の思惑によって朝鮮の運命は決められようとしていた。そして年が明けると、アメリカとソ連の交渉が難航し、朝鮮半島は米ソ軍政による南北分割統治から二つの国家体制樹立へと舵を切りつつあった。そんな中、日本においては朝鮮人の間で、南北分断による二つの政府の樹立という最悪のシナリオが訪れるのではないかといった危機感が募っていた。そして朝連・建青も組織は違えど、祖国分断の危機を乗り越え統一国家を樹立しようという熱気が最高潮を迎えていた。

そうした状況で解放一周年を迎えた八月に、建青兵庫は慶祝大会を開催した。神戸新聞の一九四六年八月一五日の広告記事に「8・15解放記念日　一周年慶祝大会」の題字で、以下の内容が告知された。

〈八月十五日午前九時ヨリ祝賀式、講演会　朝鮮映画「家なき天使」上映　演奏会……小畑実外レコード歌手出演　於（新開地）松竹座〉

この大会で上映された「家なき天使」は太平洋戦争開戦の一九四一年、「京城高麗映画協会」によって制作された。当時の世相は戦時色一色で、映画や娯楽は戦争協力に資することが目的とされていた。そうした中にあってこの映画は、「内鮮一体」や朝鮮人の戦争への協力を第一としていない異色の内容であった。ストーリーは、当時京城と呼ばれたソウルで暮らす孤児たちの生き様という社会的な問題を真正面から取り上げていた。また、朝鮮総督府からの検閲がありつつも朝鮮語の会話があり、出演した朝鮮人役者の衣装もチマ・チョゴリという戦時下では考えられない民族色が打ち出されていた。そしてこの映画には「朝鮮の名花」と呼ばれた文藝峰《ムンイエボン》が出演したことで華やかさを増し、解放後も日本の国策によって制作されたとはいえ、朝鮮人観客から支持されていた。

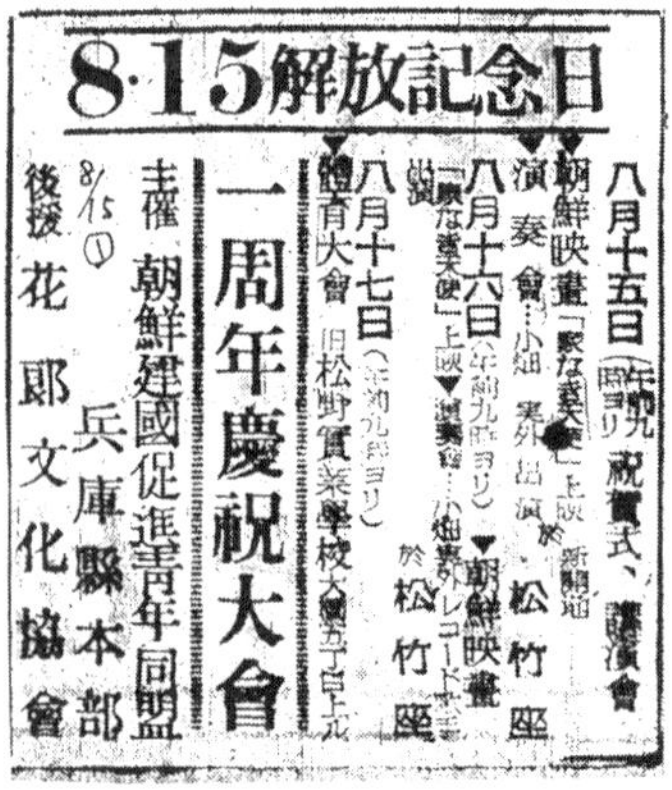
8・15解放記念日
八月十五日（午前九時ヨリ）祝賀式、講演會
▼朝鮮映畫「家なき天使」上映
▼演奏會…小畑實外出演　於 松竹座
八月十六日（午前九時ヨリ）▼朝鮮映畫「家なき天使」上映▼演奏會…小畑實外レコード歌手出演　於 松竹座
八月十七日（午前九時ヨリ）
▼體育大會
一周年慶祝大會
主催 朝鮮建國促進青年同盟 兵庫縣本部
後援 花郞文化協會

8.15解放記念日一周年慶祝大会の広告記事（『神戸新聞』1946年8月15日）

また演奏会には小畑実こと康永喆《カンヨンチョル》が歌手として出

演している。小畑は「湯島の白梅」等のヒット曲を歌い人気の流行歌手として知られているが、解放直後は中立派の在日朝鮮人によって立ち上げられた「白頭レコード」から、金順男作曲「独立の朝」などが収録された解放歌謡をレコーディングする等の活動を行っていた。また小畑は建青兵庫が結成される半月前の一九四五年一二月六日、場所も建青結成大会と同じ神戸新開地のガスビルにおいて「戦災復興資金醸集公演」と題した「軽音楽と映画」の集いに出演している。共演したのは後の舞台「放浪記」で名を馳せる森光子であった。森は京都の出身で、戦前より娘役として多数の映画に出演していた。戦時中には日本軍慰問団の一員として、中国戦線を巡回した過去を持つ。終戦後はジャズ歌手として活躍し、この時期小畑らと各地で公演活動を行っていた。

　小畑実はこの頃、尼崎の朝鮮人密集地域である武庫之荘地区に居を構えており、活動拠点は関西地方であった。一九四六年一一月、建青の尼崎支部が結成されるのであるが、その余興として小畑実が公演を行った。小畑目あてで、会場となった映画館は三〇〇人以上の朝鮮人が集い、大入り満員となった。さらに結成式には、民団中央団長となった朴烈も来賓として訪れ講演を行う等、一地方の建青支部の結成集会としては盛大な規模でとり行われた。この時期の建青は、組織力・動員力においては朝連に比べて吹けば飛ぶよ

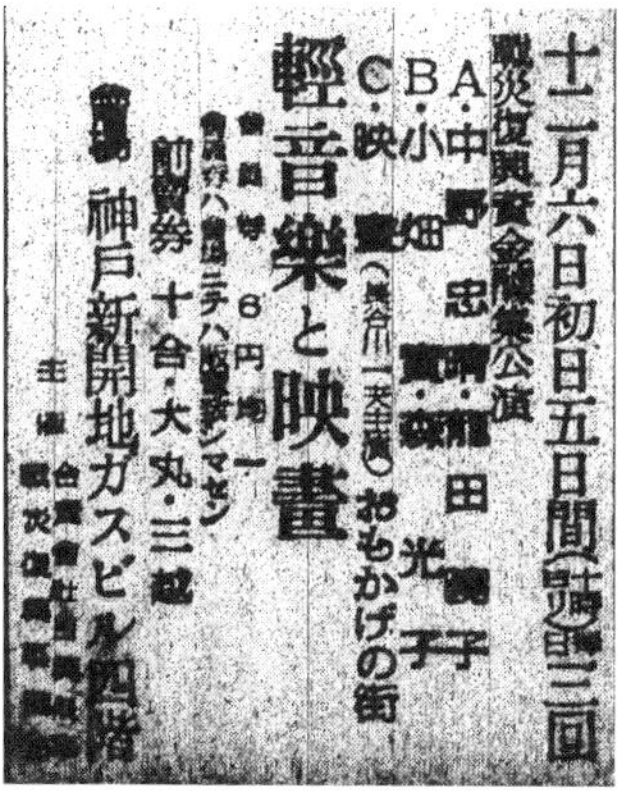

「軽音楽と映画」の集いの広告記事（『神戸新聞』1945年12月５日）

うな存在であったが、小畑実や中央本部の幹部・役員を頻繁に呼び出せるほど建青兵庫の実力は財力・組織力とともに無視できないものとなっていた。

話を慶祝大会に戻す。大会から一週間後、今度は現在のJR神戸駅北側にあった八千代劇場において、「解放一周年記念慶祝演芸大会」が開催された。主催したのは文東建が総支局長を務めていた朝鮮国際新聞社で、会長には建青中央副委員長や宣伝部班長を歴任した許雲龍が就任していた。そしてこの朝鮮国際新聞社のトップ二人が「朝鮮解放一周年を迎えて」という題名で講演を行った。講演後の演芸大会では、後援に名を連ねていたビクターレコードから専属歌手が舞台に立った。

主催・朝鮮國際新聞社
後援・在留各團体・日本ビクターレコード會社
朝鮮解放一周年を迎へて
朝鮮國際新聞社 會長 許雲龍氏
文東建氏
解放一周年記念慶祝演藝大會
ジャズ界の女王 笠置シズ子
コロンビア專屬歌手 伊藤久男
ビクター專屬歌手 小畑實
世界的アクロバットダンスの姫君 岡本八重子 岡本文子
ニューコリア・オーケストラ・バンド
兵庫縣 總支局
八千代劇場

解放一周年記念慶祝演芸大会の広告記事
（『神戸新聞』1946年８月21日）

注目すべきは、特別出演した笠置シズ子である。笠置は森光子と同様、ジャズ歌手出身で戦前彼女も軍隊慰問で歌った経歴を持つ。大ヒットした「東京ブギウギ」は翌一九四七年にリリースされ、この頃から笠置は押しも押されぬ大スターとなっていた。他にも東宝専属の「世界的アクロバットの姫君」として紹介された岡本八重子と岡本文子、ニューコリア・オーケストラ・バンドなど豪華絢爛なステージが繰り広げられた。

なぜ、一介の地方団体に過ぎない建青兵庫が、こうした大手芸能プロダクションに引けを取らないビッグプロジェクト開催を可能にしたのか。それは建青の豊富な資金力に影響されたことが大きい。建青はGHQから優先的に提供される莫大な物資を闇市で取引する利権を保有していた。そのため、当時の物価高・物不足の世相にあって、建青は一人勝ちの状態であった。そうして得た利潤を我が物にするのではなく、慶祝大会開催に見られる文化運動に投資する姿勢は、後の時代のメセナに見られる如く企業の社会還元活動の先取りと言える。

ただそうした肯定的な評価だけで語るのではなく、当時の建青の置かれていた状況も併せて見ておく必要がある。この時期、在日朝鮮人の支持を集めていたのは、建青ではなく朝連で、その勢力は建青をはるかに凌駕していた。というのも建青は、祖国建設を第一義的な目標とする青年層中心の組織であり、対して朝連は朝鮮人の本国帰還運動、学校教育事業、GHQや日本政府に対する権利請願運動など、同胞大衆のニーズを的確に捉えた幅広い運動を展開していた。さらに建青は闇市の利権を独占し、場合によっては暴力も辞さない団体であると世間から白眼視されることも少なくなかった。そうした苦境を跳ね返す機会として、たとえ「人寄せパンダ」と言われようとも有名芸能人を動員した演芸大会を開催することで、建青は同胞の支持を取り付けようとしたと考えられる。

在日本朝鮮居留民団の結成

一九四六年一〇月、朝連に対抗することで利害が一致した新朝鮮建設同盟（建同）と建青は、合同することで勢力拡大を図ろうとした。そして結成されたのが、在日本朝鮮居留民団（民団）で、初代団長には朴烈が就任した。

民団結成の背景として、建同側では政治勢力から出発したいきさつから大衆的基盤を欠き、運動体としても不十分であった。建青側ではGHQの後ろ盾を必要としたことから、民団を介してその足掛かりを得たい事情も作用していた。しかし建青側も一枚岩ではなく、一二地方本部のうち五つは合同に賛成したが、兵庫を始め七つの地方は合同に加わらず、民団とは一線を画した状態となった。これは青年運動の自主性を守ると同時に、民団の掲げる右翼・反共の旗印ではなく、自主的に独立した祖国の建設に邁進するという建青本来の運動理念を守り続けたからであるといえよう。

兵庫の建青は、一九四八年三八度線以南での単独選挙の際、民団の「単独選挙全的支持」に反対する建青協商派の拠点となっていくのである。

民団兵庫の結成

民団中央が結成された二カ月後の一九四六年一二月二五日、神戸市内の八千代劇場において民団兵庫県本部の結成大会が開催された。大会には中央団長の朴烈と副団長の元心昌《ウォンシンチャン》が来賓として参席し、建青兵庫の盟員が朝連の襲撃に備えて会場周辺を警備していた。

民団兵庫初代の団長には、初代建青委員長である文東建の後を継いだ玄孝燮が就任したことから、建青委員長との兼任という重責を務めることになる。民団兵庫が結成されたといっても、実質は建青の盟員が組織運営を担ったことから、民団自体の影は薄いものになっていた。玄孝燮自身も民団兵庫の団長としての活動よりも、従来からの建青の活動に情熱を傾けたことで、民団兵庫独自の活動は初期にはほとんどなされていなかった。

策士、文東建

一九四七年の初春、建青姫路支部の結成大会が、姫路市内の高丘小学校で開催された。建青と朝連は、この時期抜き差しならない対立状態となっており、ことあるごとに互いの事務所を襲撃しあうという抗争が続けられていた。すなわち建青が新たな支部を結成するとなると、朝連側が色めき立って結成集会を妨害することが日常茶飯事に繰り返され、姫路においても激突は必至であった。

建青姫路支部結成の知らせは当日になって朝連の知ることとなり、朝連傘下の在日本民主青年同盟（民青）西宮支部委員長の申《シン》仁弘《イノン》はいち早く姫路の会場に単身駆けつけた。たった一人で敵対組織の牙城に乗り込むことなど無鉄砲極まりないが、申からすればその日の朝、朝連姫路支部が襲撃された意趣返しの意味もあり腹の虫が収まらなかったのである。

しかし申が会場に到着するや意外にも丁重に迎え入れられ、なぜか壇上の議長団の中央の席に案内された。申の右隣には県本部の委員長である玄孝燮が座り、左隣には副委員長の文東建が座るという奇妙な光景であった。

式次第が進行し、来賓挨拶の最後に申仁弘が指名され、民青代表として紹介された。いぶかわしく感じながらも演台に立った申に対して、会場内では盛大な拍手が鳴り響いた。ところがその拍手は鳴り止むことなく、いつしか嘲笑と揶揄する声が飛び交った。

「謀られた、見世物にされた……」と気づいたのも後の祭り、申ははらわたが煮えくり返しながらも自制し、自分の席に戻った。しかしここからが数々の修羅場をくぐった民青西宮支部委員長の本領発揮となり、自席を演台そばにまで移動させるとそこにデンと腰を据えたのである。そして壇上から会場の面々を見下ろし、悠然と構えて煙草に火をつけた。ここにおいては申のほうが役者は上手で、反撃の狼煙が上げられた。あっけにとられた群集を前に申は朝鮮語の詩を朗読し、会場内で今の詩の意味が分かる者はいるかと尋ねた。

建青内で文化的素養のある人間は、戦前に中学や高校で学んだ文東建ら数名を除いてほとんどおらず、さらに建青に集う若者は母国語をほとんど理解できない、日本に同化された境遇にあった。ましてや詩などそらんじたことはなく、その意味を理解できる者は皆無であった。ここからが申仁弘の独壇場で、延々と血気盛んな青年を前に語り続けた。

「温故知新という言葉がある。昔のことをよりよく知ることが、新しい知識や道理を見つけだすことができるということだ。君達に温故知新という言葉をプレゼントしよう。歴史は知るべきである。勉強はするべきである。道理とは、真理とは何かを考えるべきである」

「最も恥ずべきは、朝鮮人でありながら朝鮮語が分からないということだ。分からないということが悪いとは言わない。だが、分からないままに他人の尻馬に乗って、騒ぎ暴れ、暴力行為をすること、これは許せない。このようなことを付和雷同という馬鹿者どものすることである！」

建青が朝連に対して負い目を感じていたものの一つが、母国語を理解できない、話せないということであった。「新生祖国建設に情熱を持って立ち上がる」と建青は事あるごとに口にはすれど、肝心の母国語を理解できないのであれば、それは自らを偽ることになる。それを建青盟員は心のどこかで引きずっていたのであるが、それを申仁弘は単刀直入に指摘したのである。

会場内は静まり返り、申の演説に聞き入っていたが、最後に申はこう締めくくった。「諸君らが何をしようと、またいかなる団体を作ろうと、諸君らは『朝鮮民主青年同盟』の一員であり、私もまた諸君らを『民青』の一員として扱う」

申がこう言い終わるや否や、演壇に駆け寄り、握手を求めてきた人物がいた。文東建である。文は「諸君、今、申先生の素晴らしい御話をいただきました。我々は、今日建国青年同盟を結成するのでありますが、それが何であれ我々は民青の一員であり、民青の枠内での行動であるということを再確認します」と言ってのけた。

建青と朝連、民青は一年前よりすでに進むべき道を異にしている。であるにもかかわらず、文東建をこう言わしめたのは、申仁弘の主張の矛先をかわす狙いがあってのことであろう。民青に運動の主導権を渡すのではなく、建青指導部自らで運動方針を決定することを最後の最後において会場の青年にアピールすることで、文東建は自らの立場を守りぬいたのである。

この文東建の発言がその場しのぎのものなのか、それとも本心なのか、その後の文の進んだ道にその答えはあるように思える。申仁弘はのちに文東建が総連の副議長となってからも彼を「策士」

だと思い続けていた。それだけ申の一世一代の舞台で吐露した民族運動への熱き思いを、完膚なきまでに削ぎ落とした文東建に対する複雑な心境が後々まで尾を引いたと思える。

六六年ぶりの発見

二〇一三年一一月、JR神戸線の元町駅高架下で、六六年前に貼り付けられたポスターが発見された。高架下には通りを挟んで両脇に店子が整然と並んでいるのであるが、こうした店舗は解放直後の闇市にルーツを発している。当時、こうした店先には様々なポスターが貼られては剥がされたのであるが、そのうちの一枚が奇跡的に保存されていた。ポスターには次のような文言が書かれていた。

朝鮮統一政府樹立促進大会　結成二周年記念大会
朝鮮のホープ　朝鮮の働き手「建青」の結成二周年記念日だ　集まろう同胞よ
国連総会で決議された朝鮮統一政府樹立案を支持し　ともにこの日を意義深く送ろう
内外祝辞　優良盟員表彰　功労者に対する感謝　時局講演　決議文採択
朝鮮映画（民族の絶叫）上映　郷土音楽上演
参席された方に美麗な記念カレンダーを進呈
時日　一九四七年十二月十五日　午前十一時開会

66年前のポスター発見

モトコーのJR橋脚

JR神戸線の高架下にある神戸市中央区の元町高架通商店街、通称「モトコー」の一角で、人知れず眠っていた66年前のポスターが見つかった。17日、研究者ら約10人が集まり、ポスターの保存状態を確認。専門家は「残っていたのは奇跡的」と驚いている。

姿をあらわした66年前のポスター＝神戸市中央区の元町高架通商店街

在日朝鮮人団体の告知

見つかったのは、第2次大戦後、朝鮮半島での統一国家建設を目指し発足した在日朝鮮人の団体「朝鮮建国促進青年同盟」の結成2周年記念大会の告知ポスター。緑や赤で縁取られ、横55㌢、縦40㌢。1947年12月15日、新開地の劇場で時局講演や朝鮮映画「民族の絶叫」の上映、郷土音楽の上演などがあるとしている。

また、漢字とハングルで「集おう！同胞よ！国連総会で決議された朝鮮統一政府樹立案を支持しよう」などと呼びかけ、「お互ひの理解と尊敬が親善と平和の□だ!!」（□は判読できず）との日本語の記述もある。

劣化免れ「奇跡的」

朝鮮史セミナーなどを開く公益財団法人神戸学生青年センター（神戸市灘区）館長飛田雄一さん(63)は「日本人にもメッセージを伝えたかったのでは」と話す。

見つかった場所には以前古着屋が入居。半年前に高架下の店舗が撤去された。11月8日、むき出しになっていたJRのコンクリート橋脚にポスターが直接貼られているのを、通りがかった飛田さんの知人が見つけた。飛田さんは「長年内装用のパネルで密封され、外気や光による劣化を免れたのでは」と話す。

在日朝鮮人の歴史に詳しい大阪大大学院准教授の宇野田尚哉さん(46)は「当時この辺りは闇市で、日中韓の人でごった返していた場所。日本や神戸を東アジアの歴史の枠組みで考え直す史料となる」と話す。

ポスターの保存状態は、文化財修復家の[redacted]が確認。接着力が弱っているため、特別な溶剤を使わなくて済むという。竹製のヘラと水を使い、一日がかりではがす予定だ。尾立さんは「直射日光が当たっていたら、紙が劣化し色も落ちているはず。残っていたのは奇跡だ」と話す。

飛田さんは「当時の関係者を呼んで、シンポジウムを開ければ」。はがしたポスターは、額縁に入れて保存する予定だという。（石川達也）

ポスターが見つかった元町高架通商店街（右側のフェンス付近）＝神戸市中央区

66年ぶりに発見された建青のポスター
（『朝日新聞』「神戸版」2013年12月18日）

場所　関西劇場（新開地）
国を建て社会を興すものは若人
朝鮮建国青年同盟兵庫県本部

そしてこの集会が開かれる前日の一九四七年一二月一四日付の神港夕刊には、次のような内容の広告記事が掲載された。

我等ノ血脈ハ躍動スル
祖国完全自主独立ヘト
屈スル事ナク倦マナキ
只管ノ精進ハ輝シキ発展
ヘノ「建青」結成二周

年ヲ迎フ。噫！　感激ノ小夜風！
一九四五年十二月十五日同志ヨ！　同胞ヨ！　血ト涙ノ結集ヲ
今一度想起シ此処ニ此ノ日ヲ　新シキ涙ノ心カラナル　親情ノ契リヲ固メヨ
朝鮮統一政府樹立促進大会
日時　一九四七年十二月十五日
場所　神戸市兵庫区福原町　関西劇場（新開地）
朝鮮建国促進青年同盟兵庫県本部

これらのポスターや広告記事から、建青は結成二周年を記念した大会を開催することで、幅広い同胞の支持を得ようとしていたと思われる。それは大会において、映画上映や民族音楽の披露、カレンダーの贈呈など参加意欲をくすぐる内容からも見て取れる。

実はこの日はライバルである朝連も、建青の大会が開かれた新開地とは目と鼻の先である湊川公園で開催された労農市民大会に組織参加していた。この大会では、増税反対や物価高に対する生活権擁護が主なテーマで取り上げられ、「統一政府の樹立」といった朝鮮人の民族的な課題については取り上げられることはなかった。この二つの集会から見ても分かるように、建青と朝連の目指すべき課題には大きな隔たりがあったといえる。

建青の思想

建青と対立した朝連や民青は、共産主義的な思想や組織運営で、「鉄の団結」を誇っていた。対する建青は、母国語も知らない、日本生まれの「皇国臣民化教育」を受け、「日本人」として育った若者が多数集っていた。彼らが一〇代後半から二〇代前半にかけての最も多感な時期は太平洋戦争の真っ只中で、共産主義や社会主義に触れることもなく、将来は帝国軍人となって「お国」のために戦争で死を選ぶという決意をする者も少なくなかった。必然的に彼らは反共的になり、軍人に憧れる軍国主義者になっていったのである。

日本の敗戦によりかつての「軍国少年」は、一転して朝鮮人として扱われるようになるのであるが、それは母国語が理解できない、母国の歴史をよく知らない朝鮮人青年が日本で生きていくことを意味していた。彼らの寄る辺は日本軍国主義から「新生独立祖国建設」という「民族的」感情のある意味「転換」であり、そこに共産主義的な要素を受け入れる余地は少なかった。そのため戦前に共産主義者として闘った朝連の壮年層とは意識の上でのギャップがあり、共産主義的思想や独特の運動論についていくのが困難であった。彼ら「反共的民族主義」青年を受け入れたのが建青であり、難しい左翼理論ではなく、ただ一言、「独立祖国建設」という題目が彼らの心を捉えたのである。

建青は全国各地で結成集会を開催したのであるが、ことごとく朝連の襲撃を受けた。京都支部結成の際、中央本部委員長の洪賢基が来賓として訪れていたのであるが、朝連側から次のように問い掛けられた。

「民族団体として朝連があるにも拘らず、建青なる怪しげな同盟を唆かして回るのは何故であるか?」

これに対して、洪はこう答えた。

「建国青年同盟は民族青年の発露であって、そういう意味では無色透明である。朝連のような赤色団体ではない……」

禅問答のようなやり取りであるが、無色透明という理念が良い意味でも悪い意味でも、建青の「売り」であった。

対して朝連の方は、マルクス・レーニン主義で武装され、「共産主義的な新生祖国の建設」という国家目標と、「人民大衆が主導となった自主的・民族的政府の樹立」という政治目標が掲げられ、上位下達の絶対的な運動方針の下に活動が展開されていた。マルクスとエンゲルスが「共産党宣言」を発表して約一〇〇年、ソ連という共産主義国家誕生と被植民地諸国の社会主義国家としての独立、そして第三世界における民族解放闘争の昂揚といった現実が共産主義の「正しさ」を証明し、「共産主義的な独立祖国の建設」が実現されるという確信を朝連に集う人々に植えつけたのである。だからこそ親日分子を許容し反共を理念に掲げる建青を朝連は敵対視したのであり、各地の建青支部結成を妨害したのである。

しかし建青の方は「反共」以外にこれといった信念はなく、「独立祖国の建設」のために何をどうするかという運動方針も立てられなかった。それゆえ「無色透明」という半ば自己卑下的な評価をするしかなく、朝連に対して常にコンプレックスがつきまとっていた。

建青の強みは、思想面ではなく、現世利益とも言うべき食欲と金銭欲のあくなき追求であった。戦後間もないこの時期、食糧難で誰もが生活に逼迫し、巷には餓死者が出る有様であった。そうした中、在日朝鮮人青年の多くが失業状態で、食うや食わずの毎日であった。飢えた朝鮮人青年が、進駐軍から食料を含む豊富な特配物資を優先的に払い下げられていた建青に引き寄せられたのも、ある意味必然といえる。また、特配物資は、闇市で数倍という高値で転売でき、一攫千金にあこがれる貧しい青年を魅了した。

当時の建青盟員を描いた絵
(『韓国新聞』1975年2月22日)

さらに建青の象徴とも言うべき特異なユニフォームも青年たちを虜《とりこ》にした。敗戦直後、青年層の多くがかつての「軍国少年」であり、彼らを魅了したのが戦闘機のパイロットであった。建青の制服は、旧海軍の飛行機乗りの軍服を模倣したものであった。着る物もろくにない窮乏した時代にあって、建青盟員が真新しいカーキ色の航空服に真っ白な絹のパラシュート用マフラー、おろしたての航空靴を履いている姿は在日青年の憧れであった。この制服につられて建青に入った者も多数いたとのことである。

新生祖国の社会主義的国家樹立という夢や理念で朝連に加入した者も多かったが、建青の物欲に訴え本能を刺激するやり方で馳せ参じた若者もいたというのが、この時代の世相であったろう。

建青の派閥抗争

建青は発足以来、共産主義者中心の朝連に反対していたが、当初は反共右翼主義者だけでなく中立派や民族主義者も幅広く内包していた。そのため本国情勢の左右対立が激化するにつれ、その対峙状況がそのまま組織内部に持ち込まれていった。一九四七年に入ると、建青内部で南朝鮮の単独選挙と政府樹立を支持する右派と本国の南北協商派を支持する中間派が激烈な対立論争を展開した。さらに建青内ではGHQからの特別配給物資、いわゆる特配の分配をめぐって利権争いが表面化し、混乱に一層の拍車をかけていた。

そしてこの両派の抗争は、同年三月の第四回全体大会において最高潮に達し、いわゆる「坂本事件」として世間を騒がせたのである。この時の右派を代表したのが委員長の洪賢基や建青兵庫副委員長の玄孝燮で、一方中立派を代表したのが李禧元や金光宣《キムグアンソン》であった。ただ、この金光宣は中立派に属するとされたが、実態は鄭建永《チョンゴニョン》が親分である町井一家、後の東声会に属する暴力団員であった。その金光宣が特配目あてで建青事務所に出入りし、それをシノギとしていたのが、当時のありのままの建青内部の状態であった。その特配として月に一回支給されていたのがビール券であり、暴力団に活動資金を半ばみかじめ料として要求されることに苦慮した建青中央がその排除に動き出した。

そして四月二六日、金光宣も同席した建青の会議の席上、右派と中間派の対立は論争から乱闘へとエスカレートしていった。その過程で、右派によって金光宣が撲殺される事態となった。右派は中間派との主導権争いを制するとともに、暴力団を追放することにも成功した。この金光宣殺害には一九四五年一一月の神田市街戦でも名を馳せた玄孝燮の息のかかった尼崎支部に集う通称「アリラン部隊」が実行に加わり、五名が警察に逮捕されるに至った。裁判では二審で執行猶予付きの有罪となったが、そのことが建青兵庫の武勇を一躍高めることとなった。事件は殺害された金光宣の通称名が坂本であることから、「坂本事件」と呼ばれるようになった。事件後の建青は右派が実権を握り中間派は駆逐され、玄孝燮が中央副委員長へとのし上った。

ところでこの尼崎の「アリラン部隊」の戦闘的な行動力は諸刃の剣となり、「暴力建青」という悪しき代名詞で、朝連だけでなく一般の日本人からも敵視されるようになる。一九四九年八月、尼崎東署は「アリラン部隊」を名乗る四名を格闘の末に逮捕した。彼らは同年四月ごろから尼崎市内のキャバレーやダンスホールで無銭飲食をするほか、相手かまわず脅迫・暴行を繰り返したため、転・廃業した商店主も多く、その数は一四件を数えた。この時期は朝連が団体等規制令によって解散処分となり、民団を含む朝鮮人組織全体が日本官憲から暴力集団として目を付けられていた。そのため朝連、建青とも両者が対立している暇はなく、組織防衛に追われていた。建青の暴力部隊も当面の敵がない状態で、町をさまよっている有様であった。「アリラン部隊」のこの有り様からは、かつての「栄光の時代」を思い起こさせるものは何もなく、思想・信条を失った無頼漢のたむろする愚連隊に成り下がったのである。

第三節――建青分裂と朝鮮民主統一同志会の結成

南北分断と建青

「坂本事件」後、玄孝燮ら右派が建青の主導権を握ることとなったが、それはそのまま朝鮮の南半分だけの単独選挙支持を意味するものとはなり得なかった。総選挙二カ月前の一九四八年三月、建青は第六回全国大会を開催し、洪賢基委員長は南だけの単独選挙実施支持で組織内の一本化を図った。結果は本国の韓国独立党党首である金九《キムグ》が提唱する南北協商路線を支持する反主流派が勝利を収めたことで洪賢基は失脚、文東建に近い徐鐘実らが実権を握った。

大会で反主流派が勝利した背景には、建青内部では朝鮮の統一と独立を望む声が強かったことがある。それは四月の第一二回中央委員会においても明確に示された。その時に出された声明書においては「わが朝鮮の独立は、朝鮮人自らの自由意志によってわれわれの政府を樹立すると同時に、外国勢力の撤退にある。そこで本同盟は、総選挙を通じた政府樹立を強硬に主張したし、また促進するあらゆる活動を支持してきたのである。一九四七年一一月、われわれが最も期待する国連総会が、朝鮮の統一独立のための全朝鮮にわたる総選挙実施を決定した。われわれは満腔の感謝をこめてこの決定を支持しながら、その成功を衷心から期待したのである」とある。

そして声明の締めとして「本同盟は、ここに南朝鮮だけでの選挙を実施することには賛成できない」として、「国土と民族の分裂を自力で回避させ、民族の混乱を自力で防止させ、国連に参加する全国家が支持する全朝鮮の総選挙が一日も早く実施され、統一が成就するよう祈願する」としている。

南北分断が決定的となる中、建青内の良識ある人々は、最後まで朝鮮の統一した独立国家を希求し続けたのである。

南北分断と兵庫の朝鮮人

一九四八年八月一五日、ソウルにおいて大韓民国の建国が宣言されるのに時を合わせて、翌九月九日には平壌で朝鮮民主主義人民共和国の建国が宣言された。南北朝鮮にそれぞれ政府ができたことで、日本においてもどちらを支持するのかをめぐって、朝連と民団、建青の激烈な闘いが展開された。

兵庫においても、四八年の八月一五日は解放記念日であると同時に、韓国の建国記念日であることから、民団は歓迎一色の祝賀大会を開催した。かつて三宮の生田神社境内にあった生田劇場において、民団主催の「大韓民国独立祝賀大会」が開催された。その呼びかけ文にはこう記してある。

「待チニ待ッタ祖国独立！　祝賀シマセウ！　同胞ヨ！　参加シマセウ！　独立式典エ！」

簡潔な文章であるだけに、たとえ南だけの独立であっても、植民地統治以来の民族独立を果たせたという喜びに満ちている。

これに対して朝連は、北朝鮮がまだ建国されていないことから、「解放第三周年八・一五人民大会」と銘打った記念集会が、神戸市兵庫区の神戸工業専門学校グラウンドで開催された。呼びかけ文では、

「来たれ！　同胞よ!!　朝鮮人民政府を闘いとろう！」としながら、「南朝鮮軍政政権を粉砕！」として、李承晩《イスンマン》政権の韓国そのものを認めない立場でこれを排撃している。

また、朝連、民団とは別に建青も集会を開催したことから、三カ所での同時開催となった。場所は、兵庫区の湊川公園で、大会名称は「大韓民国政府樹立祝賀解放記念統一独立促成大会」であった。単に、韓国の独立達成を祝うだけに終わるのではなく、「統一独立促成」を謳っているところが、民団との差を際立たせている。呼びかけ文では、「同胞よ!!　来たれ!!　この祭典に参加せよ。われらの政府樹立を祝福し、統一独立を戦いとろう!!」と、より明確に「統一独立」こそが本当の目的という建青兵庫の立場を強調している。

建青分裂と文東建最後の叫び

朝鮮本国における左右対立と南北両政府樹立の動きと連動して、建青内部でも南北協商派と南朝鮮政府支持派の対峙状況が悪化していった。一九四八年七月の建青第七回全国大会では洪賢基が委員長に返り咲いたが、「南朝鮮政府支持」を決議したときも賛成が四九票、反対三六票と圧倒的支持とはならず、第六回全国大会で決議された南北協商路線がそのまま維持された。

そうした中、同年一〇月二八日に第八回の臨時全国大会が、大阪の中之島中央公会堂で約六〇〇人の全国からの建青盟員が参集して開催された。大会の冒頭、洪委員長が基調演説を行った。その内容は、「我が建青は、その創立から今日まで、原則として二つの国家ということではなく、もちろん、一つの民族と一つの政府、国家というのが根本精神でした。しかし、今日の米ソの対立という予想外の進展のために、国連の名で、事実上二つの政府ができ上がってしまったというのが現実です。これは、まことに残念であり遺憾なことですが、しかし、現状のもとでは、われわれとしては民団とも連携しながら、常に将来的には統一朝鮮達成のために邁進するとしても、現時点では、李承晩博士による大韓民国政府を支持するしかないというのが実情です」というものであった。

この演説に対して、壇上に駆け上がりマイクを握って反対の演説をした人物がいた。文東建である。彼は、「建青中央の大韓民国政府支持路線への変更は、七月の第七回全国大会での南北協商路線支持と一つの中央政府の建設を目標とする大会方針に反するものであり、そのような一方的な路線変更は許されない。また、単独政府は、将来必ず民族分断を固定化することになり、何としても反対して、統一と南北協商の道を進むべきだ」と強く主張した。「単独政府の樹立は民族分断に繋がる」という文東建の予測は、不幸にも的中することになる。

文東建の演説に対し、韓国支持派から罵倒する野次が飛び交い、会場のあちこちで乱闘騒ぎが起こった。しかし文は、妨害をはねのけて演説を続けた。

「この大会は、何の目的で開催したのだ。この前の大会とは、まるで話が違っているのは、どういうことなんだ。大韓民国を支持するように話を持っていこうとしているようだが、そのようなことをしたら、祖国は永遠に分断されることになるのが分かっているのか。どうして、こんな勝手な大会を開いたんだ……」

「もし、今の南北の分裂した二つの単独政府を認めたら、祖国は永遠に分裂してしまうはずだ。間違いなく、分断が固定されてしまうはずだ。それでは、いかんのだ。それを絶対に避けるためにも、我々は、どうしても金九先生等の推進している南北協商路線を支持し、その方向で頑張るべきだ……」

文東建の演説は何度も野次で遮られたが、最後に彼はこう絶叫した。

「この前の第七回大会においては、われわれ建青は、その大方針として、祖国を南北に二つに分ける国連政策に、断固として反対するとの大会決議をしたのではないか。それを忘れたのか。なぜ急に一方的に路線を変更して、片方の政権だけ肩入れしようとするのか。それが民族分断につながる結果になるのが分かっているのか。もう一度、建青の創立精神にもどって、南北の利害対立には中立を守り、一つの中央政府の樹立、統一朝鮮の建設に努力すべきだ……」

こう言い残して、文東建は壇上を後にし、続いて協商派約一〇〇名は大会流会を叫び会場から退場した。彼らはその時、建青歌を合唱しながら出て行ったのであるが、これで建青中央の分裂は決定的なものとなった。

残った主流派を中心に議事は進行し、洪賢基が委員長に再選、玄孝燮が副委員長に就任した。そのことで主流派が優位となったが、民団が八月一五日に建国された「大韓民国の支持」を表明したことに対し、建青は「大韓民国政府を支持するが、是々非々の厳しい姿勢で臨む」と但し書きが挿入され、主流派の思惑である韓国支持の一本化取り付けの思惑は頓挫した。そして組織内部での対立はその後もくすぶり続け、一九四九年六月の第九回全国大会において兵庫、京都、愛知等の協商派は脱退を宣言し、「南北統一促進会」（委員長李康勲）の結成に至った。

文東建が主張した協商路線は、翌一九四九年六月、金九が暗殺されたことで挫折し、分断は固定化、南北の政治的軍事的対立は深まっていく。文が熱く語った祖国統一の願いも時代の荒波にかき消され、建青主流派が韓国支持を強めていく状況と反比例して、北朝鮮の建国理念に傾倒していくことになる。

玄孝燮の建青除名処分と建青解散声明書

韓国が建国された二日後の一九四八年八月一七日、建青兵庫は第六回臨時大会を開催して、玄孝燮前委員長の除名処分を発表した。処分内容は以下の通りである。

〈前委員長玄孝燮　当本部第五二回常任執行委員会ノ決議ニ依リ盟則第三九条ニ叛逆セルヲ以テ除名処分ニ付ス故ニ爾今建青トハ関係ナキニ為念　一九四八年八月二〇日〉

盟則第三九条がいかなる内容かは不明であるが、民団への建青合流を推し進めていた玄孝燮と建青協商派の文東建らとの軋轢は、これで決定的なものとなった。そして建青兵庫は除名処分と共に役員改選公告を行い、委員長に文東建が再選された。

こうした建青協商派に対して、玄孝燮と民団との合流を望む建青兵庫の尼崎、宝塚、明石、三田などの九支部は、解散声明書を発表して、兵庫県本部の決定を無効化しようと画策した。解散声明書には文東建を名指しで非難しており、両者の対立の根深さを改めて見せつける格好となった。解散声明書は次の通りである。

〈終戦後吾等は朝鮮建国青年同盟兵庫県本部を組織し三年間に亘り在留同胞の民生安定は無論の事、延いては祖国独立に最善の努力をして来たのである。そうして所期の目的通り全日本における最強力な県本部を築き上げたのである。これ偏に前委員長にして現民団長玄孝燮氏の政治的、経済的卓越な手腕と指導宜しきを得た賜物である事は、全盟員は無論の事、在県韓国民の絶対否定できない事実である。しかるに去る一〇日兵庫本部臨時大会に於いて、初代委員長時代二百八十万円借財に対する不正行為により除名処分になった文東建氏は闇で儲けた金力で以って不良分子を買収し、同志李珍永《イヂンヨン》君に対しては骨折二本全治六〇日間の重傷を負わしめたのみならず、建青の死守線である処の国事並びに大韓民国政府支持を反対決議したのである。其の結果吾等純真な青年は到底これを容赦できず茲に共同脱退声明をすると共に吾等の尊敬する玄孝燮氏指導にある在日大韓民国居留民団が合流すると共に全県下盟員共同所有である処の建青全財産の処置に対する重大発言を保留するものである。〉

脱退声明書には「文東建の二百八十万円借財に対する不正行為」のくだりがあり、それによって文が建青を「除名処分」となったとある。しかし文東建は初代委員長を除名になった記録はなく、形の上では「平和的」に玄孝燮にその座を譲った。また、「二百八十万円借財に対する不正行為」が意味するものも事実関係が不明で、濡れ衣のように感じなくもないが、それだけ文に対する反感が建青内でもくすぶっていたと言える。こうして建青兵庫は後の統一民主同志会の母体となる協商派（後に統一派と称するようになる）と民団兵庫結成の基礎を作る玄孝燮派（旧主流派）に分裂するのである。

玄孝燮暗殺事件

一九四九年一月一三日、玄孝燮が東京・上野の富士ホテルの前で、民青組織部長であった韓基栄《ハンギヨン》ら三名によって襲撃を受け、拳銃で狙撃された。直ちに上野病院に収容されたが、出血多量で死亡した。享年四〇歳であった。玄は戦中、神戸で軍需関係の工場を所有していたと言われ、戦後は市内で旅館を経営していた。一説には、憲兵協力隊長として日本の戦争協力に貢献したと噂され、殺害された当時は大韓民報社長の肩書きも有していた。玄を射殺した犯人は、動機について「建青と民団が、朝連の最高指導者である金天海の暗殺計画を立てていたので、先手を打って玄を暗殺した」と語った。

玄は民族運動家としても全国に名をとどろかせた人物で、外では圧倒的な組織力を誇る朝連に対して一歩も引かぬ肝の座った度胸を見せ、内では百家争鳴で血気盛んな建青内の青年層をまとめ上げた懐の深さを示していた。また彼は、県庁、県警、それにGHQや兵庫軍政部とも太いパイプを持っており、特配などを優先的に受けることにより、建青兵庫の財政を担う役割も果たしていた。

玄孝燮（左）と文東建
（『民団兵庫55年の歩み』より）

建青兵庫は、玄孝燮と文東建という二人の傑出した個性によって牽引されていた。二人は性格も好対照で、一見相容れないかのように思えたが、それがかえって兵庫の建青を際立たせた。二人をよく知る人物によると、玄孝燮は直情的で親分肌、人望ある懐の広さを持ち合わせる半面、独断専行のイメージが付きまとっていた。文東建の方は、自分の考えを全面に出すことはなく、人の言うことに耳を傾け、思慮深く落ち着いた対応を示す学者肌の性格であった。「動」と「静」という、正反対のキャラクターが時にはぶつかり、また時には交わることで、兵庫の建青運動を盛り上げてきたのである。すなわち、政治性と行動力に卓越した玄孝燮と経済力と文化面で秀でた文東建という二人が両輪となることで組織はバランスを保っていたが、文が建青を退場してからは良くも悪くも玄が一人で建青を背負っていかねばならなかった。

玄孝燮を語るエピソードとして有名なのが、米軍政時代には外車の輸入が許可されていなかったにもかかわらず、日本に数台しかなかったロールスロイスを乗り回し、また背広の奥には護身用としてＧＨＱの兵庫軍政部公認のピストルを必ず携帯していたことである。それだけ玄孝燮は目立っていたのであり、その個性の強さから、常に刺客に狙われていた。さらに玄の首には朝連の賞金がかけられているとの噂が流れ、玄が用心に用心を重ねていた矢先の暗殺劇であった。

阪神教育闘争と建青

解放後、日本各地には朝鮮人の民族学校が建設され、その数は五百数十校、生徒数は六万余名を数えた。民族教育の主体は朝連であり、建青が運営する民族学校は数校にとどまっていた。一九四八年に入ると、朝鮮本国では南だけの単独選挙に反対する全国規模のゼネストが発生し、済州島では島民が蜂起した結果、三分の一に当たる七万人の人々が鎮圧の過程で虐殺された。こうした朝鮮国内の情勢に対して、ＧＨＱの朝連に対する方針も強硬なものへと変化した。ＧＨＱは朝連の民族教育が共産主義に偏向しているとの見解から日本政府に対し、在日朝鮮人は日本の教育基本法、学校教育法に従うよう措置をとることを指令した。

これを受けて日本政府は一九四八年一月二四日、朝鮮人学校の閉鎖、生徒の日本学校への転入を各都道府県知事に通達したのである。これに対して朝連は直ちに反対を表明し、朝連に集う朝鮮人も植民地時代に自国の言葉、文化、歴史を子弟に教えることを奪われた経験から全国各地で反対闘争を繰り広げた。そしてその闘いが最も激烈に行われたのが神戸と大阪で、大阪では四月二六日、府庁舎前に抗議のために集まった約七千名の朝鮮人に対して警察が拳銃を発射、朝鮮人少年が射殺されるという最悪の事態となった。

神戸においても兵庫県庁に集まった朝鮮人のうち、直接知事と交渉しようとして約一〇〇名が県庁内に入り知事と直談判した。その結果、知事は学校閉鎖命令を撤回、朝鮮人は意気揚々と学校へと引き上げた。そうした事態に占領軍兵庫県軍政部は激怒し、深夜に日本占領期間中唯一の非常事態宣言を神戸市内に発した。そうして七二九五名の朝鮮人が検挙され、うち二三人が軍事裁判にかけられた。

玄孝燮は阪神教育闘争において建青側の学校が閉鎖されたにもかかわらず、建青盟員の闘いへの参加を阻止した。GHQと民族教育をめぐって事を荒立てたくなかったのであり、そのためには学校教育は犠牲となってもよいというのが彼の考えであった。文東建が建青兵庫執行部に残っておれば、そんな選択はしなかったのかも知れないが……。

また米軍MPが教育闘争に参加した朝連側の人間を検挙する際の首実検に、玄孝燮ら建青が協力したことで朝連から深く恨まれていた。玄はGHQと日本官憲に率先して「朝鮮人狩り」を買って出て、朝連幹部の家にジープで乗りつけ検挙を手助けしていた。

こうした阪神教育闘争における建青の背信行為と玄孝燮殺害事件が引き金となり、朝連の報復テロを恐れた文東建は再選された建青委員長を辞任することになる。

これ以外にも玄孝燮をめぐっては、きな臭い醜聞がまとわり付いていた。玄は阪神教育闘争直後の一九四八年五月二七日、吉賀元吉弁護士を神戸地裁に名誉毀損で告発した。告発文によると、阪神教育闘争ではＧＨＱと警察による朝鮮人狩りの嵐が吹き荒れていたが、それは朝鮮人と分かると無差別に連行するといった荒っぽいやり方であった。それを避けるため建青関係者二千数百人に対して英文の身分証明書が発行され、それを所持していると逮捕されない特権が保証された。そうした特権を得ようと、あろうことかその身分証明書が一枚につき三千円以上で売り買いされているとの「噂」が出回った。その「噂」の出どころとしてあがったのが、古賀である。古賀が神戸市内の酒場で酔いにまかせて喋ったことから、騒ぎが大きくなったのである。古賀の話を耳に挟んだ酒場の女性経営者によると、古賀は「自分は建青の委員長と懇意であり、神戸事件（阪神教育闘争）で玄委員長は三千円から二万円ほどもらっている。自分たちもときどき酒代をもらっている。今夜も玄氏から酒代をもらってきたばかりだ」と豪語していたとのことである。これが事実なら、建青は致命的な打撃を受け、同胞からの信頼も失墜するとの判断から玄孝燮は告発に至ったのである。

告発に対して古賀は、「市中で建青の証明書が高値で取引されているとのうわさ話をしたまでで、玄委員長からの酒代をもらったとのいきさつは事実無根」と「噂」の一部を否定した。しかし、阪神教育闘争時、建青の人間は誰一人逮捕されていないのは事実であり、とばっちりで逮捕を恐れた朝鮮人が建青の証明書を高値で買ったとしてもありえない話ではない。それが利益となって玄孝燮の懐に入ったと疑われても、当時の状況からしておかしくはなかった。それほどまでに玄孝燮に恨みを持つ人間が多かったのである。

金九暗殺とその波紋

玄孝燮暗殺後、兵庫の建青と民団を立て直すべく、一九四九年二月に兵庫区の大開小学校において建青と民団の臨時大会が開催された。選挙の結果、委員長兼団長に就任したのは文東建の懐刀である金漢述《キムハンスル》であった。そのことによって兵庫の非朝連系の民族運動は文東建ら南北協商を支持する統一派によって占められ、旧執行部の玄孝燮支持の旧主流派は窮地に陥った。

そんな矢先の一九四九年六月、統一派の拠りどころであった民族運動の重鎮、金九が韓国ソウル市内で李承晩の刺客によって暗殺された。この悲劇に対して建青兵庫は左右両勢力を問わず率直に哀悼の意を表し、七月一六日に湊川公園で開催された「金九先生追悼大会」には約一万五千人が参加した。大会は金漢述執行部が主導して行い、「金九先生の遺志をついで、祖国の統一と南北協商を実現しよう」との決議がなされた。

「追悼大会」を契機に勢力拡大を企図した統一派（金九暗殺前までは協商派と称した）であったが、思わぬつまずきに見舞われた。金漢述の公金不正行為疑惑が内部告発によって露見し、旧主流派の要請で臨時大会が七月二九日と三〇日、長田区の真野小学校で開催されたのである。疑惑の中身は、金漢述が密かに建青ビルを第三者に権利譲渡し、彼が手付金を受け取って個人的に流用したというものであった。そのため執行部内でも委員長の不信任が持ち上がり、臨時大会で旧主流派の突き上げが爆発した。初日は疑惑の張本人である金漢述が欠席したため、旧主流派が憤り壇上の垂れ幕を引きちぎり机をひっくり返すなどの大立ち回りを演じた。しかし旧主流派の熱気もそこまでとなり、本国の分断状況を憂い、統一政府樹立を求める統一派の主張に建青盟員は次第に賛同するようになった。そうして臨時大会二日目、旧主流派が参加をボイコットする中、新たな執行部が選出され、またしても統一派の金慶能《キムギョンヌン》が新委員長に選出された。新執行部は建青中央と民団中央とによる韓国の李承晩政権支持路線を明確に否定し、南北協商と民族統一を全面化する後の「朝鮮民主統一同志会」路線に同調したのであった。これで旧主流派は、建青兵庫から完全に埒外に置かれることになった。そうして活動の寄る辺を失った旧主流派は、民団兵庫を看板にして活動を継続するのである。

朝鮮民主統一同志会の結成

建青の内部対立と一九四八年に朝鮮本国で南北それぞれに政府が樹立されたことで、李康勲や文東建らは建青に代わる新たな運動体結成に至った。それは本国で南北協商を訴えた金九の遺志を継ぎ、彼の思想をバックボーンとしたもので、建青内の統一を志向する人士を糾合して組織されたのである。

一九四八年一〇月八日、東京中野区で約一〇〇名が参加する中、「朝鮮民主統一同志会〈統一同志会〉」の設立が高らかに宣言された。九項目にわたる宣言文には、次のような一節が記されている。

〈現実の新朝鮮建設の段階は、決して「ブルジョアジーの独裁」ではなく、だからといって「プロレタリアートの独裁」でもないということである。新たな民主主義革命を完遂しながら社会主義革命に至る中間的段階だ〉

すなわち統一同志会は、新たな国家建設が資本主義社会でも共産主義社会でもない両者を折衷した民主主義社会であり、将来的には社会主義体制に移行するという青写真を提示したのである。委員長に就任したのは李康勲で、副委員長には文東建、委員には徐鐘実という建青右派と中間派の面々が中央委員を構成した。

この統一同志会は後に総連の傘下団体の一つとなり、一九六〇年より機関誌として『統一評論』を発刊する。発行部数は一千冊で、『統一評論』は総連内にあっても、「南朝鮮」とは表記せず、「韓国」と呼称する独自性を見せた。発行は現在も続いており、息の長さを見せるが、統一同志会の活動自体目立ったものはないのが現状である。

一九四九年九月八日、朝連と民青が「団体等規制令」によって解散処置を被り、同時に朝連が運営する民族学校も閉鎖処置の適用を受けた。民団においても民団宮城県本部と塩釜支部が解散の措置となったにもかかわらず、過去の朝連との抗争のいきさつから朝連解散を組織拡充の好機と位置づけ、民団は表立った抗議活動は展開しなかった。これに対し統一同志会は、直ちに「日本政府の弾圧に抗議す」との反対声明を出した。また、兵庫、愛知、京都を中心とする近畿地方の建青統一派は、朝連・民青の解散と民族学校の閉鎖問題に対して「統一促進会」名義で反対声明を発表する等、日本政府の強圧的な処置に対して傍観することなく抗議の姿勢を示した。

朝連解散を受けて、統一同志会委員長の李康勲は、思想的対立を超えて民族的に朝鮮人が団結し問題を解決する統一戦線体の形成を提唱した。そしてそれを受けて一九五〇年四月二四日「朝鮮人団体協議会」が結成され、これが後の「在日朝鮮統一民主戦線（民戦）」の母体となるのである。

朝連解散後、その運動は解散を免れた参加団体の「在日本朝鮮解放救援会（解救）」や「在日本朝鮮女性同盟（女同）」の事務所を起点に、組織再建を目指して活動を行っていた。南北分断と政治的・軍事的対立が激化する中、こうした状況に世論を喚起させようとGHQと日本政府の厳しい弾圧を跳ね除けて、兵庫で集会が持たれた。一九五〇年三月一日に神戸市兵庫区の荒田公園で開かれた「三・一革命三一周年記念大会」がそれで、主催は解救と女同、そして建青であった。建青中央の韓国支持声明に反旗を翻し、建青兵庫の統一派は「われわれの生活を守るため！　大韓民国少数幹部の反対を蹴って民族統一の旗の下に!!」のスローガンを打ち出し、どこまでも分断ではなく統一の祖国建設を訴えたのである。

民戦の結成

朝連が強制解散されたことによって、在日朝鮮人の左翼運動は拠点を失うことになり、早急に運動を立て直す課題に迫られた。そのさなかの一九五〇年六月二五日、朝鮮戦争が勃発し、在日朝鮮人運動も激動する情勢に対応するため再編されることになる。それが一九五一年一月九日に結成された「在日朝鮮統一民主戦線（民戦）」であり、結成時の情勢報告においては朝鮮戦争を「祖国解放戦争」として規定し、「日本人民を奮い立たせ、アメリカ帝国主義を排撃しよう」と呼びかけた。

民戦は朝連の後継組織とされるが、その指導体系は大きく異なった。朝連は日共の影響下にあっても、大衆団体として朝鮮人主体による運動方針が立案されていた。しかし民戦にあっては、前年の一九四九年一二月に組織された「日共民族対策部（民対）」が民戦を指導するという組織運営が確立された。そこにおいて朝鮮人は、「少数民族」として位置づけられ、朝鮮本国への関わりというより戦略的には「日本革命」、そして当面の闘争目標として朝鮮戦争を後方支援する日本吉田政府に反対する闘いが優先されることになる。

建青統一派の再建

建青主流派による「在日大韓青年団（大韓青年団）」結成（後述）によって除外された統一派は、各地で対応を協議していたが、一九五一年一月一〇日大阪で建青再建会議を開催し、続く一月二一日と二二日の両日、全国代表者会議において建青再建を決定した。委員長には、中央副委員長であった金容太《キムヨンデ》、そして委員の一人として文東建が選ばれた。同じく中央委員には、徐鐘実や後に総連の副議長となる李季白《イキベク》も名を連ねていた。その後、李康勲や文東建ら統一同志会幹部が民戦に参加するに伴い、一九五一年七月三一日栃木県下で開催された建青全国拡大執行委員会で、正式に組織として民戦参加を決定した。そして八月五日の民戦中央委員会で加盟が承認された。

民戦の路線転換

民戦は一九五一年一月の結成大会において、朝鮮戦争は「解放戦争である」と規定し、かつ「祖国の解放は遠くない」との楽観的情勢分析を行う等、北朝鮮の勝利・武力統一を信じて疑わなかった。また在日朝鮮人の祖国防衛闘争においても「祖国の統一と独立を達成するための解放戦に勇気を持って続かねばならない」と定義し、朝鮮戦争に対して在日朝鮮人の主体的な闘争を促した。それが同年一二月の第二回全体大会になると「帝国主義どもの侵略戦争である」と定義が変わり、祖国防衛闘争については「われわれの当面の課業は、祖国に武力侵攻した帝国主義者を撃退し、祖国の統一と独立のために一切の勢力を結集して闘う」と述べている。民戦の朝鮮戦争に対する見方がわずか一年で、「解放戦争」という積極的な姿勢から、「侵略戦争」という受身の対応へと変化した理由は何であろうか。

現在の歴史研究では、朝鮮戦争は金日成がスターリンと毛沢東から支持を取り付ける形で、先制攻撃したことが定説となっている。その結果、北朝鮮人民軍は怒濤のように南に押し寄せ、わずか四日でソウルを陥落させている。しかし北が最初に軍事行動を起こしたとなると国連を始めとする国際世論を敵に回す恐れがあるため、南からの軍事的挑発に「やむなく応戦した」とのレトリックで国内外に宣伝を展開したのであった。そうして民戦の運動方針も過激な「解放戦争」の主張は鳴りを潜め、「帝国主義者による侵略戦争」という邪悪な敵からの「正義のための防衛戦争」との題目で運動を行うことを決定したと考えられる。

そして当面の敵を「侵略の元凶・アメリカ帝国主義」と「その手先である李承晩徒党」、それを背後から支援する「反動・吉田政権」であるとし、これらを打倒することこそが在日朝鮮人に課せられた使命であると訴えている。

こうした情勢分析のもと、「在日朝鮮人の最大任務とする祖国防衛闘争を、日本にいるという条件のもとでいかに闘うか」が議論され、あらゆる民族権利擁護闘争と祖国防衛闘争とを結合させて組織の拡大強化を図ることが方針化された。さらにこの闘争方針は一九五二年四月頃に日共から出された民族綱領によって具体的に定義づけられ、武装闘争路線にひた走るのである。

このようにして、民戦は第二回全体大会を契機として、朝連以来の朝鮮人主体による民族主義的運動を清算し、日共の綱領に基づいてプロレタリア国際主義的性格を強めるとともに、日共の指導する民族解放民主統一戦線に積極参与することが明らかにされたのであった。それはすなわち、日共の武装闘争路線の目標である日本革命が、とりもなおさず朝鮮民族の解放民主革命に直結するということを民戦が受け入れることに他ならなかった。

この時期の民戦は、最高意思決定機関である中央常任委員会を議長団と中央常任委員によって構成していた。そしてこの中央常任委員として文東建が選出され、彼は統一同志会と建青中央委員の肩書きのまま、民戦の社会経済部部長の任に就くことになった。また六人の議長団には民団に所属していた李康勲や戦前の日共傘下の労働組合である日本労働組合全国協議会（全協）で活動していた朴光海《パクグァンヘ》が選任されていたことから、民戦は当初においては左右を問わず、朝鮮戦争下祖国を守る目的で結集していた朝鮮人で構成されていたといえる。

統一同志会の民戦加盟

建青の再建と民戦参加決定と併行して、統一同志会も民戦に加わることが論議された。一九五一年七月八日、統一同志会本部は東京の李康勲宅で緊急常任幹部会を開催し、南北朝鮮の統一と民戦加盟問題が討議された。そして南北統一の声明書を発表し、その中で「即時停戦と可及的すみやかな外国軍隊の撤兵」を呼訴した。そして民戦加盟については、建青と同じく八月五日の民戦中央委員会で正式承認された。

一九五一年八月一六日、神戸市郊外の六甲山上で代議員約六〇名が参集する中、統一同志会の第二回全体大会が開催された。ここにおいて第二宣言と第二綱領が採択されたのであるが、その中身は「我が同志会は反帝反封建反ファッショに対する闘争を貫徹しようとする結社である」「わが同志会は祖国の社会主義国家建設を究極の目的とする革命結社である」と左翼的で過激な文言が羅列されていた。ここにおいて統一同志会は北朝鮮の社会主義革命を支持し、日本においてその革命路線のもと闘争を行う革命結社であると自認するようになる。それはまさしく民戦の武装闘争と合致した極左運動であり、敵はアメリカ帝国主義と李承晩反共政権、そして日本の吉田反動政権であると規定したのである。文東建はこの大会で副委員長に選出されることになる。

　またこの第二回大会においては、もう一つ重要な議題が可決された。民戦の綱領の一項目に、「朝鮮民主主義人民共和国を支持する」とあるが、李康勲はこれでは中立系や民団系の幅広い同胞を運動に結集することはできないとして削除することを提案した。さらに日共の民対所属の朴恩《パクウン》哲《チョル》も、民戦を指導するのは「一国一党の原則」から言って日共であるとの立場からこの提案を採択するよう指示した。そして提案通り、一項目は綱領からはずされたが、規約の中での北朝鮮支持は変更されることはなかった。

　その後、朝鮮戦争が三八度線上でこう着状態に陥ると、「北朝鮮を死守しよう」との声が民戦内部で高まり、再度綱領に採択しようとする動きが見られた。そして、一九五二年一二月、綱領に再び「朝鮮民主主義人民共和国を支持する」が盛り込まれ、同時に綱領を削除した李康勲に対する批判も沸き起こった。李康勲自身も日共指導下の極左路線に民戦が振り回されることに不満を持ち、一九五三年一二月に民戦脱退を表明した。

　しかし民戦は翌五四年二月一三日、東京の山楽荘において第三回臨時大会を開催し、その場において李康勲を「スパイ」「民族反逆者」として除名処分を下した。それを受けて統一同志会も李康勲を除名し、新たな委員長として文東建、副委員長に徐鐘実が就任することになった。以降、統一同志会は民戦の運動路線に忠実に従うようになる。

朝鮮戦争休戦後も統一同志会は存続し、一九五六年六月一七日神戸の共和信用組合講堂において全国代表者会議第六次会議が開催された。会議においては委員長団はそのまま留任となったが、決議された運動路線は「在日本朝鮮人総連合会（総連）の加盟団体として共和国政府を支持し、総連の隊列強化を図る」「朝鮮労働党第三回全体大会の宣言と祖国戦線の呼訴文を積極的に支持し、その実現のために努力する」という一九五五年五月の総連結成に伴う路線変更に追随する運動方針に転換した。すなわち朝鮮戦争下の祖国防衛闘争の主要目的がアメリカ帝国主義と韓国独裁政権、そして日本政府であったのが、ここにおいて組織の目的が北朝鮮と総連の指導に忠誠を誓う組織となることが明言されていたのである。朝鮮戦争休戦後、南北分断が固定化する中、在日組織は南北いずれの国を支持するかを明確にすることが求められ、統一同志会は北朝鮮と総連支持を迷うことなく選択したのであった。

第四節――民団との泥沼の法廷闘争

大韓青年団の結成

ここで少し話をさかのぼり、建青のその後について見てみることにする。

一九五〇年に入ると南北の軍事的対立が激化し、三八度線を境にあちこちで衝突を見せる中、三月に韓国陸軍参謀総長である蔡秉徳《チェビョントク》少将が来日した。彼は在日韓国人青年を前に本国の大韓青年団に即応した青年組織を建設することを強く要請し、帰国の途についた。そして蔡少将の意を受けて、建青内部で組織を解消して在日においても大韓青年団を結成すべきとの声が沸き起こった。その後、建青中央本部委員長の洪賢基が韓国を訪問し、本国における青年運動を視察したことで、建青を刷新し名称を変更することへの機運が一層高まった。

そうして建青統一派の牙城と呼ばれた京都において、蔡少将から直接勧奨を受けた京都の建青盟員が四月二九日に全国に先駆けて、建青を解消し大韓青年団結成を宣言した。さらに五月一四日には、前文教部長官で本国大韓青年団の安浩相《アンサンホ》団長が、本国に同調した反共青年組織を日本においても形成することを目的に特派されてきた。そのさなかの六月二五日、朝鮮戦争が勃発し反共統一の掛け声のもと、全国各地で相次いで大韓青年団が結成されていったのである。

大韓青年団の地方支部が結成される一方、中央本部の結成が急がれていた。そして八月二八日、民団本部講堂において建青第一一回全国大会と大韓青年団結成式が行われた。当日は駐日代表部から公使と韓国大韓青年団の安浩相団長、民団団長が参席する中、建青の全国代表ら一二〇名が会場を埋め尽くした。式が進む中、建青の「発展的」解消と大韓青年団の結成を決議しようとしたところ、兵庫代表から「建青員でない民団員が代議員として出席している。したがって代議員の適格者は過半数に満たないから、大会は成立しない」との爆弾動議がなされた。これを受けて、統一派の金容太建青中央副委員長と李禧元民団中央副団長らが動議に同調したことで、会場内は激論の場と化した。結局、議事半ばで統一派一〇数名が退場したことで大会はそのまま進行し、議題は予定通り了承され、建青中央は結成以来約五年の活動を終えることになる。そして翌二九日、統一派を除いた中で大韓青年団の結成大会が行われ、石原莞爾が主宰した東亜連盟出身で後に民団団長となる青寧柱《チョニョンヂュ》が大韓青年団の初代団長に、建青初代委員長であった洪賢基が副団長に選出された。総裁には韓国の国務総理を迎え、名誉団長には韓国大韓青年団団長が就任するなど、本国政権と直結した組織であることを内外に知らしめたのである。こうして大韓青年団は、建青が民団とは一線を画した自主的な青年組織であったのと違い、民団の指導を受ける傘下の青年行動隊として再出発することになる。さらには本国の大韓青年団と軌を一にした反共理念を全面化させ、北朝鮮と民戦との対決姿勢を明確にしたのであった。

ここで建青統一派として動議に同調した李禧元は、後に文東建らとは路線を違え、民団主流派として返り咲き民団中央団長に就任することになる。そして李禧元民団執行部はそれまで韓国政府とは一定の距離を保ち建前だけでも在外居留民に拠っていた民団を、一九七三年以降本国独裁権力に追随する「維新民団」として変貌させていく先鞭をつけるのである。

大韓青年団兵庫県本部の発足

大韓青年団の兵庫県本部結成式は、中央本部発足と同日の一九五一年八月二八日、神戸商工会議

所で開催された。その場には開催阻止をねらって建青統一派と旧朝連の民主青年同盟に所属していた約一〇〇名の青年たちが入場しようと押しかけた。これに対して主催した側の旧主流派が入場拒否したため、乱闘騒ぎとなり、四名が負傷した。神戸市警が旧主流派側に協力する形で統一派を会場から排除したことにより大会は続行され、大韓青年団兵庫の結成と建青の事務ならびに財産を引き継ぐことを決議した。

一方、入場を拒否された建青統一派は、一旦兵庫区福原町の建青ビル事務所に引き上げていたが、そこに結成大会を終えた大韓青年団側が事務引き継ぎ目的で押し寄せたことから双方のにらみ合いが続いた。神戸市警は再度の衝突を警戒し、警察官三五〇名で付近を警備するといった物々しさで辺りは騒然とした。そこで兵庫署長のあっせんで、両者代表が福原派出所で交渉を行った結果、ビルの四階は建青統一派がこれまで通り使用し、二階は民団と大韓青年団が使用することになった。また今後の問題解決には、互いに合法的に交渉し解決することが確認され、覚書に調印がなされた。

建青ビル２階に入居した大韓青年団兵庫県本部（『韓国新聞』縮刷版）

そもそもこの建青ビルは玄孝燮が、同

胞有志の寄付を集めて長谷川ビルを買い取ったことから所有者の名義は玄孝燮となっていたが、玄の死後ビルは建青の共同管理となり、民団兵庫結成後はそれぞれビル内に事務所を構えていた状況にあった。そして建青統一派は民団とビル所有をめぐって、泥沼の法廷闘争に陥ることになる。

建青と大韓青年団の対立

かつて建青の事務所が入居していた長谷川ビルこと通称「建青ビル」は、神戸の繁華街である新開地の中心に位置していた。現在、建青ビル跡地は全国的にも有名な風俗街である「福原」の入り口に当たり、辺りはソープランド店が林立している。

一九四六年に民団兵庫が創立されてからは、四階を建青、二階を民団、それぞれが使用していた。建青が主流派と統一派に分裂する中、双方が同じ事務所で業務を行っていたのだが、当然いさかいが起こるようになった。まさに呉越同舟といった感で、血気盛んな若者が多くいたため、些細なことの言い争いがいつしか互いに喧嘩腰で怒鳴りあうことは日常茶飯事であった。

そうした中、一九五一年八月二八日、主流派が大韓青年団を結成したことから、前述のように建青ビルと事務の引き継ぎをめぐって乱闘騒ぎとなった。警察の仲介により建青、大韓青年団ともに一旦鞘を納めた格好になったが、翌八月二九日、大韓青年団側から声明書が出された。内容は、「問題のビルは、終戦当時所有者の長谷川誠一郎氏と建青が一五〇万円で売買契約を行い、手付金として七〇万円を支払っていたもので、その後建青は発展的に解消することに決定、二八日に兵庫県でも大韓青年団の結成大会を開催、三〇六名の旧建青の代議員全員が出席し、正式に結成された。そして、建青の財産、事務を引き継ぐことを決定したが、金慶能を中心とする一部の極左派は独断で本年初めビルを二人の人にそれぞれ五〇〇万円で二重売買契約を行い、手付金として多額の金額を受け取っているため、このビルの引渡を拒否している」として、建青統一派を非難した。

対して建青統一派は翌三〇日に反駁声明を発表した。「ビルは建青が所有者の長谷川誠一郎氏より購入したもので、売買問題は一九五〇年八月の建青兵庫県本部大会で執行部一任という形で決められており、二重売買ということは絶対にない。建青は一九五〇年八月一二日、東京の大会で大韓青年団に発展的に解散したというが、東京の大会は流会になっている。兵庫県でも一九五〇年八月二七日に建青は第九回大会を開いており、厳然と存在している」と主張した。両者の主張が真っ向から対立していることから、単なるビルの所有権争いのみならず、建青と大韓青年団の正統性を問う様相へと移行していった。

建青ビルをめぐる紛争

一九五二年五月二六日、民団兵庫団長の金英俊は、神戸地裁に対して建青ビル四階の建青本部に対し仮処分を申請した。そして翌六月三日、神戸地裁は、「被申請人である建青は一切の妨害行為をしてはならない」との仮処分を決定、双方に通知した。

提出された申請書によると、同ビルを民団が二階全部、建青が四階を全部使用してきたが、双方の間には部屋のことで紛争が絶えず、五月二四日建青側から民団側に対し突然二階の明け渡しを要求してきたため、民団側がこれを拒否したところ、翌二五日の日曜日に民団の人間が宿直していることを知りながら不法にも外部から出入り口などを板張りで閉ざして彼を不法監禁したというものであった。

民団側はこの行為に対し憤慨、不法監禁について告訴するとともに、占有保全について同地裁へ提訴した。これに対し判事は、民団側の申し入れを妥当として、建青側は民団側に補償として一〇万円を供託すること、民団側が二階全部を使用することについて建青側は一切の妨害行為をしてはならぬ、建青側が施錠した出入り口の板張りは除去すること、一階からの通用門を閉じてはいけない、そして執行吏は命令の趣旨の実行を期すため必要な処置を取ることができるとの決定を下した。

この一方的な仮処分に対して、建青側はかつての朝連との血で血を洗う武力闘争を彷彿させる対抗措置をとった。厳正な法律に対して真っ向勝負をする暴力行為に打って出たのである。まさに「暴力建青」の復活であった。

六月六日の深夜、建青所属の盟員十数名が手に石塊を持って、神戸市長田区の街中を徘徊していた。行き先は仮処分を申請した民団の団長、金英俊の自宅である。彼らは金英俊の自宅に喚声を上げながらこぶし大の石を投げつけ、一階と二階の窓ガラス二十数枚を割るという波状攻撃を三回に分けて繰り返した。通報によって長田警察署員が駆けつけ、逃げる建青盟員のうちの二名を逮捕した。なんとうち一人は建青委員長の金慶能であり、組織のトップ自らがテロ攻撃を率先して実行したのである。金慶能にはこれ以前に建青ビル問題に絡み、捜査二課から業務妨害容疑で逮捕状が出ており、覚悟の上での犯行と思われた。

長田署は夜が明けて、建青事務所と金慶能らの自宅を警察学校からの応援を交えて二個中隊によって捜索、事務所に対しては金庫屋や大工を動員して強制捜索し、ビラや盟員名簿、武器となる恐れのあるトウガラシの包みなどを押収した。

こうした警察の組織弾圧に対して抗議する青年や高校生ら二十数名が所轄の派出所に押しかけ、逮捕理由の説明を求めるという一幕もあった。

泥沼の法廷闘争

民団による建青ビルの仮処分に対して、建青側はこれを拒否したことから神戸地裁では審議の結果、六月六日に「一階出入口と二階各室に通ずる通路は執行吏の保管とする」を始めとする三項目の決定を下した。翌七日、建青ビルに執行吏が出向き仮処分を執行したことで、二階の使用権は完全に民団側の有するところとなった。

しかし、建青としてはこの処置に納得するはずはなく、今度は堂々と法廷で争う構えを見せた。これによって建青内で生じた内部争いが、白日の下に晒される醜態を双方が選択することになったのである。

六月九日、建青側は三人の弁護士を代理人として、神戸地裁へ民団側からの仮処分に対する異議申し立てを行った。その申立内容は、債権者（民団）の申請に基づく仮処分執行はこれを取消すと、民団側の仮処分申請は却下すべきとあり、その理由として建青ビルはさる一九四六年六月に、建青側の代表者である文東建がビルの所有者長谷川誠一郎から一五〇万円で買い受け、その後八〇万円を投じ修理したうえ事務所を開いたものである。ところが去る一九五〇年三月ごろ、民団側が約三〇名の暴力団を連れて同ビルを襲い、二階を不法占拠、一九五一年八月一七日には民団側の大会を開いて、「建青側はすでに解散したものであるから、同ビルの占有権は我々のものだ」と言い張り、現在に至ったものである。もともと同ビルは、建青側の所有であるのに、民団側が不法占拠して立ち退かぬため、今後占拠されないように五月二五日、板囲いをして所有権を防御したものである、と民団側の非を訴えた。

そして、両者の主張が平行線を辿る中、建青ビル紛争の仮処分民事訴訟の第一回口頭弁論が、七月五日神戸地裁で開かれた。満員の傍聴人が埋め尽くす法廷で、冒頭民団側から「建青ビルは民団側の所有であり、仮決定についで本決定の認可を求める」とする内容の書類が提出された。続いて建青側はこれに反論、仮処分の取り消しを要請した。両者がそれぞれ主張した後、裁判長が民団側に対し証人申請の希望があるかをたずねたが、民団側が「弁護人と相談したうえで決める」と回答し、第一回の口頭弁論は終了した。

七月一〇日、今度は建青側が代理人を通じて弁論し、「建青ビルはあくまで建青側の所有で、民団側はわれわれの所有権を妨害しているものだ」との本訴の申し立てを行った。こうして法廷での裁判闘争に場を移したのであるが、建青ビルの使用に関しては従来通り、民団が二階、建青が四階を使用するという奇妙な同居が行われていた。しかし両者の冷戦状態は変わらず、いつ抗争が再燃してもおかしくはない状況にあった。

抗争の再燃、そして終結へ

仮処分から半年が経過した一九五三年三月二五日、再び両者が実力で対峙することになった。その晩、民戦の青年組織である在日本民主愛国青年同盟（民愛青）が建青の許可を得たとして、建青ビルの三階に「空いている部屋なら使ってもよいではないか」として机やイスを運び入れた。当時、民戦の副議長であった文東建は、傘下の民愛青を引き入れて、ビル三階の所有権を主張したのである。二六日、民団は反撃に出て、互いに石を投げたりガラスを割ったりしての小競り合いが続いた。そして民団側は、ビル内に一つしかなかった一階の水道にバリケードをめぐらし、二階への出入口を封鎖したことから、建青側は三階に缶詰めにされた格好となり、ビルの外の一階からロープで水や食糧の補給を行う籠城戦の様相を呈するようになった。

神戸市警は事態を憂慮し、二七日兵庫署から武装警官五〇名が出動し警戒に当たるとともに、西兵庫署長らが建青ビルに赴き、両者間の調整とあっせんに乗り出した。その結果、民団側は通路のバリケードを撤去することで同意し、一旦衝突は回避された。この事件の背景には、二階を使用していた民団が一階も使用するという既成事実を作ったということであり、そのことから対立が再燃し、建青が反撃に出て三階の使用に踏み出したのである。

同日の二七日、建青側は民団側を相手取って、建青ビルの二階を除く全部につき立入禁止、一階に持ち込んだ物件の撤去、人員の退去などの仮処分を代理人を通じて神戸地裁に申請した。

神戸地裁は二八日、「建青ビルの一階を執行吏に保管させ建青側の使用を許す」「一階へ持込んだ物品は撤去し同階に民団の人員がおれば退去せしめる」「二階を除くその他の部分へは民団は立入ってはならぬ」「また建青が使用することを妨害してはならぬ」とする仮処分の決定を行った。半年前の仮処分で民団側の主張を認めたことから一転、神戸地裁は建青側の主張に配慮し、民団側は二階のみの使用を甘受せねばならなかった。そして同日、地裁の執行吏が建青ビルで執行を行ったが、民団側ではすでに一階の物品も人員も撤去した後だった。

攻勢に転じた建青側はさらに追い討ちをかけ、一九五四年ビルの所有者となっていた文東建が、ビルの売却を理由に立ち退きを求める仮処分を申請した。地裁はこの仮処分を認め、民団側は退去を余儀なくされた。その後民団側は処分を不服とし、事務所移転後、高裁に上告した。裁判は大阪高裁に場所を移し、互いに非難の応酬が繰り返された。高裁では中央も巻き込み、民団側の証人として、元建青中央委員長の洪賢基や民団中央団長を歴任した李裕天《イユチョン》らも法廷に立つことになった。

結局、建青内の主導権争いから端を発した足掛け六年に及ぶ裁判は、双方不毛な誹謗中傷に終始した展開となった。両者とも裁判で得たものはなく、両陣営とも同胞大衆の支持を失う形となった。大衆不在の裁判闘争に明け暮れたおかげで、兵庫における建青統一派・民団双方の運動は停滞し、総連の躍進に圧倒されることになる。

第二章　闇市と国際マーケット

第一節――闇市からの旅立ち

戦後闇市の形成

一九四五年八月一五日の敗戦により、日本の政治・経済は混迷を極めた。とりわけ経済は、戦時中の統制経済による品不足にハイパー・インフレが追い討ちをかけ、庶民は日々の糧に困窮する有様であった。そうした中、唯一活況を呈していたのが、闇市であった。闇市はピーク時には全国で一万七千軒を数え、有効な手立てを打てない国と政府に代わって、庶民の衣・食を潤す役割を果たした。しかし実際は、力と金がある強い者が勝ち残る弱肉強食の論理が闇市にはまかり通っていた。そして闇市を基盤に戦後の混乱期をしぶとく生き抜いたのが、朝鮮人、台湾人、中国人の外国人グループと暴力団や愚連隊の日本人グループであった。

兵庫県下においては、闇市は四五カ所に及び、そのうち最大規模であったのが、三ノ宮駅から神戸駅に至る国鉄高架下付近の露天商であった。

戦後、激戦地のフィリピンから復員してきた一人の男が神戸にやって来た。流通業界に革命を起こし、「ダイエー」を創業したが、後にその「ダイエー」を経営危機に追い込んだカリスマ経営者、若き日の中内㓛であった。中内が目にした神戸は混沌としていた。戦時中は息を潜めて従順であった朝鮮人や中国人が我がもの顔で街中を闊歩し、闇市を仕切っていたのである。敗戦後の物価高と物不足で日本人は困窮しているのに、商品が豊富にある闇市は別世界であった。中内はその商品の流通経路に興味を示すと同時に、闇市を独占する外国人勢力に反感を覚えた。

「オレは、こんな姿で神戸の三宮や元町が朝鮮人、台湾人に占領されているのを黙ってみておれんのや。いまに必ずこの闇市を一掃してみせる！」

若気の至りもあるが、中内はこの言葉通り闇市でのし上がり、後に「主婦の店ダイエー」で成功することになる。しかしその出発点は、父親の経営する「サカエ薬局」を引き継ぎ、香港や台湾からの密輸品であるペニシリンを売りさばくことでぼろ儲けをしたことにある。

中内の商売に見られるように、闇市では法はあってないようなもので、旧日本軍の隠匿物資や米軍の特配物資が堂々と売買されていた。すなわち闇市商売は、「税金御免」がまかり通る脱税のオンパレードであり、売り上げがそのまま利益となっていった。こうした濡れ手に粟の商法には、当然利権が絡み、あちこちで縄張り争いが勃発した。そして闇市の各グループは武装したり、米軍の庇護を受けたりするなどして、自衛のための組織作りに励んでいた。その闇市を仕切るグループで抜きん出ていたのが、戦勝国を自認した台湾省民と朝鮮人の組織であった。彼らはＰＸ（進駐軍専用の売店）から食料品や日用雑貨を買い取って、数十倍のプレミアを付けて直営の闇市で売りさばいていた。また、彼ら外国人は、当時日本人が使えなかったドルを自由に使える特権も有していた。そうした事業を運営していたのが朝連や建青の組織であり、個人商売で言うのなら、文東建《ムンドンゴン》ら在日の商業活動であった。

国鉄三ノ宮から神戸駅高架下の闇市
（『神戸新聞』1979年７月19日）

神戸の闇市変遷

一九四六年七月末、神戸生田署内は不穏な空気に包まれた。三〇〇人を超える三宮界隈の露天商が押し寄せ、口々にこう叫んだ。「警察はワシらの生活をどないしてくれんねん」

進駐軍が闇市閉鎖を指令し、それを受けて日本政府は七月二三日に全国の闇市を絶滅する閣議決定を行った。その年の二月、金融緊急措置令など経済危機金融対策が打ち出され、戦後一時緩んだ経済統制は再び強化の方向に向かっていった。猛烈な悪性インフレ、食糧不足、疲弊しきった国民経済建て直しのために、ＧＨＱが日本政府に対策の早期実施を迫ったのであるが、その一つが闇市規制であった。

兵庫県も、これまで闇市を手放しで見過ごしていた訳ではなかった。三宮近辺の闇市は、治安上重大な問題を抱えていた。ショバ（場所）代をめぐる露天商組織同士の縄張り争いが日常的なトラブルとなり、警察の取り締まりが混乱に拍車をかけた。またスリや引ったくりの横行、さらに一九四六年四月には朝鮮人と台湾人グループの間でピストルを乱射しての抗争事件までが発生した。

こうした問題を解決するため、市当局と警察は本腰を挙げたのであるが、一口に闇市撤去といっても、三ノ宮駅から神戸駅までの高架下とその周辺の道路上の露天商をすべて対処することは不可能であった。また、闇市はある意味、神戸復興のためには必要な牽引力ともなっていた。闇市を抹殺するのではなく、闇市が持つ経済波及効果を生かすことが神戸の経済再生の起爆剤であると考える行政当局者もいた。これがすなわち「闇市皮膚呼吸論」と呼ばれた所以である。闇市とは人間で例えるなら皮膚呼吸であり、配給という肺呼吸だけでは人間が生きられないように、闇市も「必要悪」であるという理屈であった。

そのため行政当局は外国人グループのリーダーに呼びかけて、穏便に移転することを斡旋した。同時に闇市を半ば公認し、「自由市場」という名のもと、価格統制が原則であったにもかかわらず「自由市場価格」という闇値を黙認することになる。

行政当局との交渉に元町駅以東の露店商人は、「朝鮮人自由商人連合会」が中心となって対応した。当時の連合会役員で、その後兵庫県朝鮮人商業経済理事長となる金燦東《キムチャンドン》は、当時の様子を次のように語っている。

「撤去に対して露天商からの猛反対に加え、移転先の土地探しが悩みのタネだった。当時、戦災都市では、誰の土地でも勝手に使える戦時罹災土地物件令がまだ有効だった。だからどこに建ててもいいようなものの、後でゴタゴタが起こるのは目に見えている。やっと見つけた中央区雲井通と旭通の二カ所も、ほとんどの地主は借地に同意してくれたが、所有者がわからない土地もある。県警察部や神戸市戦災復興本部の宮崎辰雄整地課長に不明地主の所在地を探してもらって、あれだけの移転地を確保したんですよ」

この移転地が、後に三ノ宮駅東部に位置した約一万平方メートルの「三宮国際マーケット」となる。大半はにわか作りのバラックで、店舗数は二〇〇軒を超えた。市場の建設には、兵庫県軍政部から建築資材の提供を受け、急ごしらえでバラック建設がとり行われた。なお、この移転事業で登場する神戸市の宮崎課長は、後に神戸市長となり、「株式会社神戸市」として行政主導の開発事業に邁進することになる。若き日の宮崎は、国際マーケット移転に伴う土地取引の行政による仲介術を培って、市長になってから「山、海へ行く」のスローガンの下、六甲山をはげ山にし宅地を造成、そこから出る土壌で神戸港を埋め立てポートアイランドや六甲アイランドを建設した。その宮崎による拡大路線は、一九九〇年代バブルが弾けることによって埋立地は売れ残り、ポートアイランドは阪神・淡路大震災で液状化現象に見舞われるという負の遺産となり、現在の神戸市の財政危機の原因を作り出した。

国際マーケットの形成

三宮国際マーケットは、バラック建てからの出発であったが、その名の通り杉板をポンポンと打ちつけただけの急ごしらえで、屋根はスレート葺き、床はなく土間だけで、一つのテナントの大きさも一間半（二・七メートル）のまさに「箱」であった。国際マーケットのいわれについては、前述の金燦東によれば、「〝テナント〟のうち朝鮮人が六割、日本人が三割、残りは中国人、台湾人、白系ロシア人、トルコ人、イタリア人、ギリシャ人と様々な人種が入り混じってましたね。まさに『国際的』だったわけですよ」

三ノ宮駅に隣接する雲井通では、ゴム製品の商いが主に行われていた。地下タビ、ゴムグツ、自転車やリヤカーのタイヤ、チューブ等で、商人の大半は朝鮮人で占められていた。朝鮮人は戦前から長田区のゴム工場で労働者として働いていたためゴム製品の扱いに慣れており、文東建もこの時期長田区でゴム工場を操業させ、事務所は国際マーケット内の雲井通に所在していた。

金燦東の話は続く。「もちろん、ゴム製品は統制品目で自由な販売はご法度。だから軍政部に何とか販売許可を出してくれとかけ合ったんですよ。軍政部や県も闇市撤去は断行したものの、商人のなりわいまで奪うわけにはいかない。それで、戦前に生産された製品の残品を売る名目で、販売許可証を出してくれた」。こうした、したたかな交渉術で、国際マーケットの朝鮮人らは、たとえ

完成直後の国際マーケット
（『神戸新聞』1979年７月20日）

バラック建てであろうとも、商工人として神戸の中心街で商業活動に従事することになる。

三宮界隈の大半の闇商売は、国際マーケットのバラック店舗の中に納まっていった。ゴム製品販売以外では、ホルモン焼き屋、一膳飯屋、ドブロク、焼酎を売る居酒屋が主流を占め、市街地改造計画で国際マーケットが撤去される一九六六年まで、市民の〝胃袋〟を満たす機能を果たしていた。

泡盛を飲ませる店もあった。客から〝お母ちゃん〟と呼ばれて親しまれていた女性経営者は、飲みすぎる客には「これ以上毒だよ」と追い返したり、トンチャン（朝鮮語でホルモン料理のこと）の店の経営者が、無銭飲食の男を警察に突き出すかわりに、一日、共同水道から水を運ばせて堪忍してやった話など、国際マーケットには人情溢れるエピソードが多かった。もっとも、無銭飲食者を警察に突き出せば、店の経営者も営業許可や管理衛生について根掘り葉掘り聴取されるという、とばっちりを受けることから警察沙汰にはしたくない理由もあったのだが……。

街の真ん中の豚小屋

神戸新聞の一九五五年六月九日号に次のような投書が掲載された。投書の主は現在の中央区であるかつての葺合《ふきあい》区の住人からであった。

「国際港都だと言いながら街の中にブタ小屋が多く、街路やミゾに流す汚物や、エサを煮るにおいが臭くてたまらん。それにハエがぶんぶんわいて非衛生きわまる。勝手に小屋を建て一坪や二坪の狭いところで一〇頭、二〇頭のブタをすしづめにして飼育してもよいものでしょうか。掘立小屋同然のものでエサを煮るカマドの煙突が短く、火の粉が飛んで火災の危険も多分にある。なんとかならないものだろうか。」

この住民が指摘する豚小屋が林立する街中とは、葺合区筒井町二丁目、神若町一～二丁目、東雲通三～七丁目の国鉄高架沿いを指していた。密集するバラック街のど真ん中に約二〇軒の豚小屋が設けられ、そこで三〇〇頭の豚が飼育され、せまい路地からブーブー鳴く豚の巨体があちこちでのぞいていた。プンと鼻をついてくる悪臭は不衛生を通り越して息さえ詰まりそうになってくる。狭い小屋の入り口に積み上げた残飯、魚のアラ、腐りかけた野菜類、処理場のない豚の排泄物は流れる場所もなく路地にたまっている有様である。豚小屋の一角に積まれた飼料に真っ黒にたかるハエが付近の家々の食卓を攻撃する。

また、かつて神戸を訪れた西洋人に神戸の印象を尋ねると、「コウベには街中で豚を飼っていますね。面白い街ですね」と笑って答えたという。

しかしこの街中の豚小屋もいわば敗戦の副産物で、終戦直後肉類が欠乏して肉と名がつけば飛ぶように売れたものだ。しかも程遠くないところに進駐軍兵舎があり毎日相当量の残飯ができる。この残飯を飼料にして豚を飼い、肉を売れば当時のお金で一〇〇匁《もんめ》二〇〇円にもなるというので豚を飼育する人が次々と現れた。さらに子豚が生まれれば一頭一万円以上の価値にもなったという。

こうして最初の一頭が二頭になりやがて十数頭を飼うようになって、この付近の十数軒は豚の飼育を本業にしはじめ、いつしか豚の数も二〇〇頭に達するようになった。進駐軍からの残飯が手に入りにくくなると、付近の大工場の食堂に交渉して残飯をもらってくるので飼料の心配もなし。

まさに豚の飼育は、人の食べ残しを豚の餌にするというリサイクルの走りともいうべき産業であったのだ。そしてただ同然の餌代で、貴重な蛋白源が生み出されるという錬金術で家畜業者の生計を潤した。しかし、すべてがうまくいく訳でもなく、臭いや排泄物による環境汚染は公害の先駆けでもあり、豚小屋撤去の苦情が出ることは当然の成り行きであった。

投書でも地域住民の豚小屋に対する苦情が切々と訴えられているが、この場所というのが現在のＪＲ三ノ宮駅東側に位置していた「国際マーケット」周辺の朝鮮人密集地域であった。都会の中心に公害の温床である豚小屋が何ら手を打たれずに放置されていること自体奇妙な話であるが、そこには当時生活苦に喘いでいた朝鮮人の暮らしぶりが反映されていた。民族差別によって就職難にあった朝鮮人は少ない資本で事業を起こさねばならない境遇に置かれていたが、その手段の一つが豚の飼育であった。

しかし過去においても再三、豚小屋撤去の動きはあってもついにそれが実現することはなかった。豚の飼育に際しては、今もインフルエンザやコレラなどの法定伝染病に指定される感染症の原因となる可能性があることから、常に衛生的であることが求められている。しかし、当時は今で言うところの環境衛生の概念は根付いておらず、実のところ放置されるままになっていた。それでも一九五三年四月には、梅雨入りを前に対処するよう周辺住民からの強硬な要望に神戸市議会は重い腰を上げ、衛生局、建設局、そして警察に市内繁華街からの撤去を指示し、市当局には撤去に必要な条例を至急整備するよう勧告した。そうした動きに関わらず、またしても豚小屋は撤去されないでいた。その理由はというと、法律の未整備の一言に尽きた。

この時代の法律として「へイ獣処理場等に関する法律」が制定され、屠殺場に対しては厳しい規定がなされていた。この法律に従えば、人家の密集した場所に豚小屋を設けることは、県知事の許可を要することになる。仮に地区の養豚場が無許可でやっているのなら、除去することも可能である。ところが市には環境衛生の立場から豚小屋を立ち入り検査し、施設の使用または制限、禁止する権限が与えられているが、小屋の撤去には聴聞会を行う必要があった。しかし私有地の豚小屋を撤去させるには相応の理由がなければならず、これまで聴聞会が開かれたことはなかった。そのため豚小屋に関しては「届出をして衛生的にやれ」という程度に過ぎなかった。また市の衛生局の見解はというと、「さて清掃法で処罰することができるかどうか分かりません」というわけで、DDTを散布することが精一杯の対応であった。さらに豚小屋を都会の真ん中から山奥に移設しようにも「ヘイ獣法」の規則によって、「使用制限、禁止の際は換地のあっせん、生活保障をせねばならない」という厳しい豚舎保障制度が存在し、赤字に喘ぐ市当局としては到底無理な話であった。

環境衛生の問題としても、豚の飼育は運動を制限し食べては寝る、寝ては食べるを繰り返して太らせるのが一番で、狭い場所に多くの豚を詰め込み、餌は残飯が一般的であることから、不衛生極まりなく、投書が指摘した通りまさしく「公害」に他ならなかった。しかしこうした法の盲点を突いた事業に携わらなければならないほど、朝鮮人は法の埒外に置かれていたのであった。そしてこうした豚小屋は、覚醒剤密造密売の隠れ蓑として利用されることになる。

ジャンジャン市場

ここで、国際マーケットに並ぶ神戸を代表する闇市の「ジャンジャン市場」について紹介する。ここでも在日朝鮮人は幅広く商業活動を行っており、かつては三ノ宮駅南側、現在の三宮センター街に隣接する一等地にそれは存在していた。神戸新聞で紹介されたジャンジャン市場の記事について、一九六九年九月二六日の紙面から紹介する。

〈ジャンジャン市場、通称ジャンジャン市――。出来たのは戦争直後の混乱期。乏しい配給の時代にあって有力な物資供給拠点として神戸でジャン市を知らない人はなかった。

市内がまだ戦渦にくすぶっていた時、商売に目ざとい朝鮮、台湾、中国人らがいち早く国鉄三宮駅から元町駅までの高架浜側に〝青空市場〟ヤミ市を開設した。ここを中心にヤミ市はどんどんふえ、高架下を占拠、三宮駅から神戸駅までの二・五キロにまたがって広がった。大阪の丼池（どぶいけ）や梅田のヤミ市をしのぐ勢いだった。〉

ヤミ市的な性格だが、ホームレスや労務者の出入りも多く、格安で満腹できる食べ物屋が軒を並べた。

〈「あちこちで、石油カンで湯をわかし、サツマイモをふかして売っていた。雑炊やにぎり飯、酒、焼酎、ドブロク、タバコのバラ売り、進駐軍の横流し物資など何でもあった。ふかしイモはヤミ値で大きいのが五円だったが、ジャン市では二円や三円で食べられた。しかし、半面こわいところだったな」戦後からジャン市のすぐ横で居酒屋をやっていたTさんの話である。〉

ヤミ市の主導権をにぎっていたのが朝鮮人や中国人だったから、警察力も容易に及ばなかった。

いわば、治外法権的な〝無法地帯〟でもあった。

〈「犯罪者には格好の隠れ場所だったし、深夜、よくバタバタと人の逃げる足音がし〝止まれ〟という音がしたかと思うと〝ババーン〟と警官の撃つピストルの音が聞こえたものだ」――とTさん。

ジャン市では、何でも売買できたから、盗品も犯行の後二、三時間もしたら店先に並べられていたという。

「麻薬常用者は、路上でキザミタバコにヘロインをふりかけて吸っていたし、韓国の婦人は長いスカート（筆者注：民族衣装のチマのこと）の下にサラシを巻いてきて、人目につかないところで腰を振ってサラシを落とし、店に売っていたもんです。ヒマな刑事は故買商人の店先で張り込み、盗品を売りにくるドロボウを簡単につかまえていましたよ」――麻薬捜査のベテラン刑事は当時を回想する。〉

ジャンジャン市場。――その名の由来は、ジャンジャンなんでも売れたからとか、進駐軍の警察の突然のヤミ物資取締りをバケツやあきカンでジャンジャン鳴らして互いに知らせあい、品物を隠したからといった様々な説がある。しかしもっとも有力な説として、北朝鮮では現在も闇市のことを〝ジャンマダン〟と呼び、〝マダン〟とは広場の意味であることから、在日コリアンがそう呼んでいたいきさつからジャン市となったということが語り継がれている。

都会の谷

国際マーケットは、神戸の表玄関の目と鼻の先にあることからたびたび衛生面、安全面から問題を指摘されていた。

マーケット内は、バラック小屋が軒を連ねて密集していることから、頻繁に火災が発生していた。

一九五二年八月にはわずか三日間で三件の火災が発生し、所轄の葺合消防署はこの地区を危険場所として厳重検査することになった。

火災の原因は外線から電気を直接引き込んだことによる漏電が多く、神戸市消防局が立ち入り検査したところ電気配線の不良、火気取扱不良などが指摘された。そしてマーケット内で詩的された件数は、実に五六六戸につき一七四件に及んだ。また梅雨時期には未舗装の道路と排水不良のため、道端は泥につかり床下や物置にはカビが生える有様であった。また屋台や家庭から出るゴミは現在のように分別や定期的な収集が整備されていなかったため、そのまま打ち捨てられた状態となり、辺りは腐敗臭で充満していた。そうした非衛生的な環境の中で国際マーケットでは商いをしていたわけで、火災や伝染病の発生と常に隣り合わせの状況にあった。

二〇一三年三月二五日、この国際マーケット跡地である中央区旭通に高さ一九〇メートルもの兵庫県内最高層のマンションを含む巨大ビルが完成した。そしてこれをもって行政当局は、国際マーケットの再開発は終了したと宣言した。当局からすれば国際マーケットはあくまでも一時的な仮店舗であり、マーケット発足直後の一九四七年から戦災復興区画整理事業が着手されていた。それが半世紀以上の六六年もかかったということは、全くもって気の遠くなる話であったに相違ない。

闇市における違法活動

三宮界隈の闇市では麻薬の売買が公然と行われていたのであるが、その中には日本社会から締め出された在日韓国・朝鮮人も少なくはなかった。

一九五一年六月、神戸葺合署では管内で数多くの覚せい剤の密造密売が行われているとのタレ込みから、国際マーケット内の中央区琴緒町在住の李某宅ほか五カ所を急襲、偽造ホスピタン二四〇本ならびに石炭箱にぎっしり詰められたアンプル十数万本、参天堂、富山化学の偽造レッテル二〇万枚など密造道具一切を押収した。警察は李ほか四名を薬事法違反容疑で逮捕、背後に大掛かりな偽造団があるものと見て追及した。

また、一九五一年八月、三ノ宮駅小荷物室にこれも国際マーケットがある中央区旭通に居住するYという人物宛のリンゴ箱二個が到着した。その箱の隙間からヒロポンのレッテルを貼ったアンプルが見えているのを神戸鉄道公安官が発見、荷物を受け取りに来たYを逮捕した。Yは朝鮮人で、ヒロポンのアンプル約五万本を入手したとされ、入手経路を警察は追及したとのことである。

一九五三年一〇月には、葺合署と神戸税務署が合同で、国際マーケット周辺のスラム街を一斉捜索、摘発するにいたった。国際マーケット内では、ヒロポンやヘロイン密売所三五カ所を急襲、朝鮮人ら八名を覚せい剤取締法違反、ならびに麻薬取締法違反容疑で逮捕、ヒロポンの原料であるエフェドリン、数にして一ポンドなどを押収した。

このように神戸を始めとして韓国・朝鮮人が違法な薬物製造、販売に加担していることを受けて、一九五五年二月五日、民団は中央議事会を開催し異例とも言うべき声明を発表した。その内容は「ヒロポン密造者中に韓国人が少なくないので、その絶滅を期すため民団中にヒロポン問題対策委員会を設置する」というものであった。こうした民団の対応から言えることは、ヒロポン密造等犯罪行為に手を染める在日韓国・朝鮮人の存在が社会問題となり、民団も重い腰を上げて浄化に臨む姿勢を見せなければならないほど事態は悪化していたのである。

しかし、民団の働きかけにもかかわらず、国際マーケットを舞台とした麻薬密造と密売はその後も繰り返され、さらにはその背後に北朝鮮という「国家」の姿が見え隠れするようになる。

豚小屋でのヒロポン製造と北朝鮮の影

一九五九年一一月、兵庫県警防犯課は朝鮮人の覚醒剤（ヒロポン）密造密売組織を内偵調査していたが、尼崎市在住の劉某を覚醒剤取締法違反の疑いで逮捕した。そして劉の自宅隣の豚小屋から覚醒剤の原沫一・二キログラム（末端価格にして一億二千万円）と真空ポンプなど五四点の製造器具を押収した。ここで押収された覚醒剤の量は、県警始まって以来最大となった。

この頃、神戸の国際マーケットは、覚醒剤の「密輸基地」として全国的にその名が知れ渡っていた。麻薬王と呼ばれた中国人グループが警視庁に摘発され、密輸ルートが壊滅したことにより、覚醒剤は品不足となり、値段も高騰していた。そうした中で、神戸は覚醒剤が豊富に出回り、一大供給基地となっていた。

劉は先に逮捕された国際マーケットの暴力団員である李某らにつながる密造ボスで、一九五七年から韓国の大永航運所属の貨物船「ハイヤン号」の金通信長と連絡を取り合い、原料のエフェドリンを密輸していた。そして捜索された豚小屋で原沫一〇キログラムを製造、近畿や中国、四国、九州方面に売りさばいていた。

逮捕された容疑者の自供から、原料のエフェドリンはドイツ産で、北朝鮮を経由して「ハイヤン号」で日本に密輸されていたことが分かった。この「ハイヤン号」は一九五九年一〇月、尼崎港に入港していたところを摘発され、多量の覚醒剤の原材料を押収されていた。そして劉らの供述から事件の全貌が明るみとなったのであるが、兵庫県警は北朝鮮経由で密輸がなされている点、韓国では極刑に処せられるエフェドリンの所持を金通信長が何回も運搬している点、そして売上金が北朝鮮の対日工作資金に使われている疑いがあるとして鋭意捜査しているとのことであった。

こうした事件から国際マーケットは、麻薬密売の一大拠点として悪名を馳せ、そこには北朝鮮の関与も取り沙汰されていた。麻薬と北朝鮮との関連は、つい最近の出来事と思われたが、半世紀前の神戸ですでにその萌芽が表われ始めていたのである。

文東建に対する摘発騒動

闇物資の横流しについては建青や朝連だけでなく、台湾人や日本の暴力団も多かれ少なかれ手を染めていたが、文東建に対する当局の摘発もついに行われることになった。それは一九四九年一二月に兵庫県経済調査課が神戸地検の協力を得て、文東建が経営責任者である「三栄ゴム株式会社」を物統違反容疑で取り調べたことに始まる。

文東建は三栄ゴムを傘下とした三栄産業株式会社の社長で、この時期経営拡大を図ってゴム工業の技術者を急募集していた。一九四八年五月には神戸新聞に連日求人広告を打ち出し、「製靴用品ニ経験アル者」や「ゴム配合技術者」、「ロール師」や「機関師」をそれぞれ若干名募っていた。ゴムの原材料は当時、統制品に指定され簡単には入手できなかった。その反面、貴重なゴムを材料にした製品は高く売れ、莫大な収入をもたらすことから当局はその流用摘発に躍起となっていた。

兵庫県経済調査課によると一年前から通産省からの出どころであったゴム原料ならびに綿布などが横流しされ、それが時価約三千万円の高値で取引されていることを探知していた。そして配下の第二資材課が調査隊を編成して、一二月一九日に三栄ゴムの摘発に乗り出し帳簿の不正を発見、二一日には苦心の結果、同社五階屋上の物置小屋の底に秘密倉庫があることを暴いたのである。そして生田署員立会いの下に、不正仕入れと販売先などが記載された帳簿二〇〇余冊を証拠品として押収した。

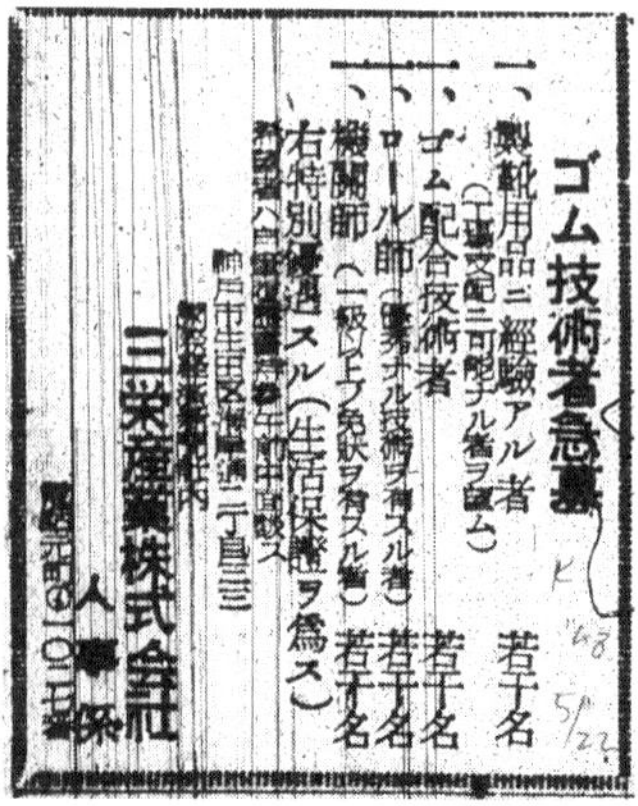
ゴム技術者急募
一、製靴用品ニ經驗アル者　若干名
一、ゴム配合技術者　若干名
一、ロール師（優秀ナル技術ヲ有スル者）　若干名
一、機關師（一級以上ノ免狀ヲ有スル者）　若干名
右特別優遇スル（生活保證ヲ為ス）
神戸市生田区海岸通三丁目
三栄産業株式会社
人事係

三栄産業株式会社の求人広告記事
（『神戸新聞』1948年５月22日）

この事件に先立ち、警視庁では三栄ゴム東京支店のゴム製品横流しが、全国にまたがるものとして摘発のメスを入れたが、確証を得ず失敗に終わった。そして警視庁は面子を賭けて、兵庫県に全容解明の捜査を指示したのである。

事件は年を越し、一九五〇年一月、捜査は神戸市警経済捜査課に移り、いよいよ本丸である通産省に捜査のメスが入った。事件は単に神戸のゴム会社の物資横流し疑惑にとどまらず、鉱工品貿易公団神戸支部をめぐる生ゴム需要者割当証明書偽造事件へと拡大した。

一月八日に神戸市警の三宅係長が上京し、通産省通商雑貨局発券班の事務官ら四名が逮捕、神戸へと護送された。警察発表によると、通産省事務官らは発券班に関係があるのを悪用、生ゴム需要者割当証明書を偽造し、ブローカーなどに横流しした疑いで鋭意捜査中であるとした。

この事件では結局のところ文東建が逮捕・起訴された事実はなく、結果としてお咎めなしであった。しかしゴム原料などの横流しは、経済が統制され闇経済が横行する中で起こるべくして起こった事件であり、文ら商工人に改めて健全な商業活動を行わせる戒めになったのではなかろうか。

第二節——在日コリアンの商業と組織

在日本朝鮮人商工連合会本部の結成

次に闇市を基盤とした、在日コリアンの商業活動について述べてみることにする。

一九四五年八月一五日、日本の敗戦により朝鮮は解放されたが、在日朝鮮人にとって「解放」とは、自由を得ると同時に路頭に迷う失業状態を意味していた。戦前の在日の商工人は経済統制により多くの事業所が企業整備の名目で廃業に追い込まれ、一家の働き手は徴用で炭鉱や軍需工場に駆り出されていた。それが一夜で放り出され、何らの保障もない、明日の糧さえ見込めない貧困状態に追いやられたのであった。

窮地に立った在日の商工人たちは、戦前の商売の経験を生かしながら細々と事業を再開するのであった。しかし、戦後の極度の物資不足と超インフレの中では職種は限られ、実態は都市周辺で履物、タイヤ、チューブ等のゴム工場や石鹸、ろうそく、鍋釜類の家庭必需品を製作販売する零細企業が大半を占めた。

ゼロからのスタートであったが、在日商工人の経済活動が一定軌道に乗り始めると、業種相互間の親睦と互助、ならびに独立朝鮮の工業技術の分野を担う中堅技術者の養成を目的に商工人団体の結成の機運が芽生え始めた。東京ではいち早く四五年九月に「在日本朝鮮人工業会」が産声をあげたが、この会は戦前の親日派による「一心会」の流れをくむものであった。そして一〇月に「朝鮮人商工会」が結成されたのを機に、両者は一二月に合体して「在日本朝鮮人商工会」と改称し、新たに発足した。その後、関東と関西で商工団体の全国的統合が計画され、一九四六年三月には全国の商工人代表が集って「在日本朝鮮人商工連合会本部（商工連）」が結成された。創立目的は「在日商工業家の親睦・連絡と新朝鮮の建国に寄与する」とあり、一九四七年六月には東京都港区赤坂の旧近衛三連隊跡を購入、本部事務所として移転した。

商工連は、支部あるいは生活協同組合、税金組合などの名称を持つものを統括し、会長、副会長、理事の幹部クラスには朝連系と民団系の両者が顔を揃え、お互い牽制し合いながらも中立性を保っていた。商工連は、当時施行された外資令への在日への適用を除外するために、組織を挙げて一丸となって反対する等成果を挙げていた。

一方、朝連は商工連とは別に、独自の商工組織の結集を企図していた。そして朝連第一四回中央委員会で「最近は特に、独占資本の反動攻勢にたいする基礎的闘争組織が絶対的に必要で、積極的闘争を通じてのみ中小商工者の危機打開が可能であり、未組織業者を完全に組織することができる」と規定し、組織要綱などを決定した。そうして一九四七年一〇月、朝連内に「在日朝鮮人商工組合総連合会（商工総連）」が結成され、生活物資の獲得と減税闘争などの指導につとめた。こうして民族運動内部に二つの商工組合連合会が併存することになるのであるが、朝連は両組織の合同を企図して様々な工作を展開していた。しかし商工人は利益追求を第一に強い結束を保つことで合同に反対し、朝連の工作は難航していた。それでも、ついに一九四八年一〇月、商工総連を商工連に合流させることに成功し、朝連が商工連のイニシアチブを握るかに思えた。けれど、この組織の一本化も形式的なものに過ぎず、内部では右派、中立、左派がそれぞれ派閥を組み、統一には程遠いのが現状であった。さらに朝連強制解散によって後を継いだ在日朝鮮統一民主戦線（在日民戦）も日本共産党民族対策部の指導のもと、第五回全国大会において「各生活協同組合は日本側の各生協連合会に加盟すること、また商工組合連合会の組織と日本側の業種別組合に加盟を推進すること」が決議される等、戦前の共産党における「一国一党主義」の原則をそのまま適用することによって、朝鮮人主体の商工連合会は否定される有様であった。

朝連の商工業対策

アメリカは当初、在日朝鮮人に対しては「解放国民」として、特配や税制上で優遇する措置をとっていた。しかし朝鮮本国での左翼勢力の台頭や難航する米ソ共同委員会、そして日本における朝鮮人の法を無視した闇市での活動に業を煮やし、一九四五年一一月一日、「日本占領及び管理のための連合国最高司令官に対する初期の基本的指令」を発令した。そこにおいて在日朝鮮人は、「必要の場合には貴官（筆者注：ＧＨＱ総司令官マッカーサー）によって敵国人として取り扱われる」とされた。そして明くる一九四六年二月一九日、占領軍当局は「刑事裁判権の行使に関する件」の覚書を発し、在日朝鮮人に日本の法権に服することを指令した。すなわちこれらの処置は、敗戦後からの在日朝鮮人の「治外法権」が事実上撤廃されたことを意味した。

そしてＧＨＱは一九四六年六月二九日、在日朝鮮人に対する課税権行使を日本政府に許可する覚書を出し、朝鮮人は日本人同様、徴税付加義務があるとされたのである。ＧＨＱと日本政府の課税政策に対しては、日本共産党も反対の意を示し、共産党を支持する中小商工業者に対して反税闘争を指令した。またこの闘いを軸にして、共産党傘下の全国商工団体連合が結成され、朝連も課税反対の運動を強めていく。

一九四七年四月二二日、神戸新聞に「朝鮮同胞に急告」との見出しの広告記事が掲載された。広告主は朝連兵庫県本部で、内容は、

「朝鮮同胞ニ対スル増加所得税ハ中央総本部ノ指示アルマデ納付セズ待ツテ下サイ　クワシイ事

ハ最寄ノ朝連支部又ハ分会ニ問合セテ下サイ」

とするもので、公共の媒体に堂々と納税拒否が呼び掛けられていた。

また、同年六月九日には、同じく神戸新聞に「朝鮮同胞ニ告グ」との広告記事が掲載された。「朝鮮同胞ノ増加所得税並ニ今後ノ諸税金ニ就イテハ所属ノ組合ニ御相談下サイ」という内容で、広告主は「朝連土建工業協同組合　朝連消費協同組合　朝鮮人ゴム協同組合　朝鮮人商業経済会　神戸ゴム加工組合　姫路自由商人連合会」の連名となっていた。そして連絡先は朝連兵庫県本部経済部内の「税金対策委員会」で、朝連にとって課税が朝鮮人に対する経済問題だけでなく政治問題と化し、早急な対処を迫られていることを示していた。

占領軍と日本政府による朝鮮人への経済的締め付けに対して、朝連は一九四六年一〇月の第三回全国大会で、「同胞生活の安定」を問題化し討議した。その論議の中で、「信用組合組織の方針」「貿易について」「労働組合や納税組合、さらには土建請負業組織を設立すべき」「農民政策の方向性」「生活必需品獲得に向けて」など生活に直結する経済問題が提議された。そして答弁に立った朝連経済部は、「朝連を政府とみなすなら、経済部は商工部である」との立場表明を行い、朝連内で経済部の序列が上位にあると自負した。

朝連は大会で論議された課題について方針化し実践していった。その一つが経済統制の中、生ゴム三トンの手配や学校の建築資材として木材を調達する施策であった。また復興金融金庫から埼玉県深谷支部管内の製瓦工場に、九五万円の融資を斡旋することにも成功した。

兵庫においては、一九四七年九月衣料品が再び切符制になることが発表され、買占めによる値上がりが懸念された。朝連との繋がりがある兵庫県朝鮮人消費組合では、独自の流通ルートを生かし、「最優良品の仕入れと公平配給」を期して、朝鮮人商工人の支持を呼びかける活動を展開している。

その一方で、朝鮮半島の南北分断が確定し緊張が高まるとともに、GHQと日本政府は朝連と商工連に対する圧力を強めていく。一九四九年三月、GHQの指示により日本政府は「外国人財産取得に関する政令」を公布、実施した。「外国人財産」と銘打っているが、朝連の財政基盤である商工連を狙い撃ちにしたものであることは明らかであった。こうした強硬姿勢に対して朝連と商工連は、「不当な企業権侵害である」としてハンスト闘争を展開するなど全面対決し、結果的に在日朝鮮人はその適用から外されることを勝ち取ったのである。

商工連の祖国統一民主主義戦線の支持決議

一九四九年七月二五日、商工連は第二回中央理事会を開催した。そしてその席上において、「祖国統一民主主義戦線（民戦）」の決議を支持することが決定された。

ここで言われる「民戦」とは、前述の「在日朝鮮統一民主戦線」のことではなく、一九四九年六月に北朝鮮で結成された組織を指す。一九四八年に大韓民国と朝鮮民主主義人民共和国が南北それぞれに建国されたが、民戦は南の李承晩政権をアメリカ帝国主義による傀儡国家であると規定し、北朝鮮主導による統一を支持していた。商工連が北朝鮮国内の民戦決議を支持することで、北朝鮮、在日民戦の路線に従って運動方針を打ち出すことが明確となった。そしてこの理事会において会長に明利禎《ミョンイヂョン》、副会長に文東建が選出され、文は北朝鮮を支持する商工人の立場を明らかにしたのであった。

商工連は朝鮮戦争下の一九五二年四月、第七次大会を開催し、名称の「在日本朝鮮人商工連合会本部」から「本部」の文言を削除した。そしてこの時までは朝鮮戦争という状況にあっても、商工連内の左右の対立は生じなかった。

一九五三年一二月二五日、下谷公会堂において「商工業者危機突破大会」が第七回大会を兼ねて開催された。ここには全国から約四〇〇名が参加し、在日民戦が主導する中、日本共産党の幹部も参席していた。会議において「北朝鮮旗掲揚」「商工連の民戦加盟」が左派の文東建らによって緊急動議として提案され、会場は騒乱状態となった。しかし大会は事前に在日民戦によって根回しされ、動議は決議された。

こうして商工連は、在日民戦の極左運動路線の一角に組み込まれることになる。一方、韓国支持の商工人は後に「在日韓国人経済連合会（韓経連）」を結成したことで、在日商工人の間でも南北の対立は決定的なものとなる。

しかし、この対立も一度は雪解けする兆しがあった。一九六〇年四月、韓国で学生革命が起こり、李承晩《イスンマン》大統領が退陣し、韓国内で民主化の機運が高まった。そうした中、北朝鮮は韓国に対話を呼びかけ、これに学生や在野人士が応じることで南北統一に向けた動きが盛り上がった。こうした本国情勢に呼応し、日本においても民団と総連が接触を持ち、民団団長と総連議長の会談も実現した。そして商工界においても、商工連と韓経連は一九六一年三月一日、朝鮮独立闘争記念懇談会を開催し、共同声明を発表するに至る。

そうした雪解けムードに水を差したのが、同年五月に韓国で起こった軍事クーデターであった。現韓国大統領である朴槿恵《パククネ》の父親である朴正熙《パクチョンヒ》少将が軍隊を動員して政権を奪取、民主化・南北統一の流れを一気に反共独裁体制へとシフトチェンジさせたのである。そして南北は再び対立の路を歩み始め、在日の組織双方もそれにあわせて相互不信・対決姿勢を強めるのであった。

朝鮮人商業経済会の結成

ここで、兵庫における闇市での朝鮮人の商業活動の展開について辿ってみる。

終戦直後の焼け跡での経済は統制経済が継続されていることから、常に品不足かつハイパー・インフレによって闇経済が跋扈していた。三ノ宮駅周辺は三千もの闇市が軒を連ね、商品を求める人びとで連日ごった返していた。必然的にこうした闇市には縄張りができ、その勢力は大まかに分けて、朝鮮人・中国人・台湾人の外国人グループと日本人グループが存在し、それぞれのグループ内でも利権をめぐっての対立が頻繁に起こっていた。闇市は行政も警察も介入できないほどの「無法地帯」と化しており、必然的に各勢力は暴力的な手段をも辞さない姿勢で自衛していた。

こうした混沌とした闇市経済の中で、健全かつ自由な経済活動を神戸の地で展開しようと一九四五年一二月、三宮劇場に二〇〇名を超える神戸在住の朝鮮人商人が集まって、「朝鮮人自由商人聯合会（朝商聯）」が結成された。朝商聯は一九四六年六月、中国人や日本人の自由商人組合と共同して、国鉄線の高架下での商業活動を円滑に行うことに合意した。そして納税の義務を完全に果たし、仕入れ品の共同購入制の確立や引揚者のための住宅協会の設立など、地域における円滑な商業活動と社会事業に尽力した。

さらに朝商聯は一九四六年五月、自らが主催して戦災者援護資金募集を目的としたチャリティー事業を行った。「鮮日提携演芸大会」と銘打ち、神戸駅前の八千代座で、朝鮮の一流芸人や吉本興業の漫才余興、演劇や音楽演奏など盛り沢山な内容で、多くの客を集めた。

しかし一九四六年頃から、インフレ抑制の目的で新円導入が断行され、またＧＨＱも本腰を入れて闇市規制に乗り出した。さらに脱税摘発の名において、商売に対する立ち入り検査などの締め付けが強められた。その結果、在日商工人は苦境に陥り、商工業経営に基盤を有する建青としては見過ごせない事態となった。

そうした経済的苦境に対応するために、「在神朝鮮人飲食店組合」が結成された。一九四六年三月二〇日、三宮の阪急会館で発会式がもたれ、建青が後援することになった。会においては、「今般、朝鮮同胞の経営する飲食店に関し、営業権の確保と営業用諸物資の配給獲得、納税問題の解決を目的として、在神朝鮮人営業者の総力結集の上のあらゆる問題に付き対策を協議する」ことが確認された。

神戸の朝鮮人飲食組合結成に続いて、一九四六年八月二五日には神戸ソーシャル・ダンスホテルで「兵庫県朝鮮人料理飲食業組合」が結成された。組合長には建青の中で最も資産家であった文東建が就任し、事務所も三宮の文の事業所内に置かれた。組合の目的は県下三〇〇の朝鮮人同業者の明朗な経済機構確立を目指すことに主眼が置かれた。

また、朝商聯は一九四七年一月一八日、第一回定期総会を開催し、「朝鮮人商業経済会」と名称を変更する決議を採択した。すなわち戦後の闇市を中心とする自由商売の組合から、健全かつ幅広い商工人を網羅する組織へと衣替えしたのであった。

こうした「朝鮮人商業経済会」や「朝鮮人飲食店組合」を母体に、「兵庫県朝鮮人商工会」が結成されるのである。

闇物資と朝鮮人

全国各地の朝連では、その地域ごとに「自衛隊」や「自治隊」なる自衛組織が作られ、闇物資を統制・管理していた。兵庫の朝連においては主要各駅に担当員を派遣して、地方から物資を都会に闇運びする朝鮮人を自主的に取り締まっていた。大阪では、大阪港に入港する朝鮮からの米や酒などの密輸品を朝連が摘発して押収していた。その背景には朝鮮本国からの財産で儲けることは民族に対する叛逆であるという意識が働いていたが、密輸などの犯罪行為に対しては断固とした処置を取るというのが朝連の態度であった。

しかし朝連のこうした自衛組織は、法律の範囲外で行き過ぎた面も出始めていた。大阪の朝連が西宮沖の密輸船摘発を行った際、神戸の朝連とバッティングとなり、縄張り争いからのいざこざも発生していた。また過去の植民地支配のうっぷん晴らしから、朝鮮人は日本人の闇商人の物資を取り上げたり、上まえをはねたりしていた。さらに地方へ物資を調達するため満員の列車に、「朝鮮人専用」とチョークで横書きして我がもの顔で乗りつける朝鮮人もいた。こうした行為が日本人やGHQの反感を買うことにつながるため、朝連は自衛組織の自制に努めていた。

建青も朝連と同様、あるいはそれ以上に闇物資の売買に携わったことから、文東建らは健全な商業活動を訴えて「朝鮮人自由商人聯合」を組織したとみられる。

兵庫朝鮮人商工会の活動

一九四七年四月六日、神戸倶楽部に約二〇〇名が参集する中、「兵庫県朝鮮人商工会（兵朝商）」が結成された。会頭には前朝連兵庫県本部副委員長の朴建永《パクコニョン》、副会頭は文東建、金英俊《キムヨンジュン》（当時朝連兵庫県本部書記局員で後に民団兵庫団長に就任）が選任され、顧問として朝連系の全海建《チョンヘゴン》、民団系の曺圭訓《チョギュフン》が超党派で名を連ねた。また、曺圭訓の親族で、後に駐日公使に就任する鄭桓範《チョンハンボム》も商工会に参加していた。

結成式においては次のような宣言が高らかに発せられた。

「在日同胞ノ企業家ハ相互援助団結ヲ以テ科学的技術ヲ研サンシ建設的産業経済ヲ振興セシメ祖

国自主独立ノ基礎トナロウ」

兵朝商は役員構成や声明にある通り、左右を問わず幅広い経済人が結集し、祖国の自主独立のため日本において一致協力した経済活動達成を目標に置いていた。政治的には朝連と建青は暴力をも辞さない対立関係にあり、そんな中で経済においては苦しい境遇にあっても左右ともに協力関係を維持していこうとする文らの思いが兵朝商には込められていた。

結成から三日後の四月九日、九州へ向かう途上に神戸に立ち寄った石井光次郎商工大臣と文東建が会談を行った。四七年五月の『兵庫朝鮮人商工会報』には、文東建と石井が兵朝商の役割と今後の展望について語っているので以下に紹介する。なお、この会報の編集兼印刷、発行人は文東建であり、事務所も文の事業所となっている。

〈文　朝日貿易の将来について伺いたい。

石井　現在両国には国交がないことから困難な事態であるが、将来的には米、或いは鉱産物等の輸入に期待をかけている。地理的に言っても、きわめて緊密な間柄で中華、朝鮮、日本の提携は是非実現すべきことである。その意味において今回の兵庫県における朝鮮人商工会の発会はまことに結構なことである。また自由貿易については漸次許可される模様で、すでに個人通信の自由を許可されて実現されているから、続いて人の往来も許されるだろうし、連合軍の監督下自ずから許可されることは当然の趨勢である。〉

石井商工大臣は神戸商高の出身で兵庫県の経済発展に関心を示し、わけても中国・朝鮮との貿易開始なくしては日本の戦後復興は期待できないと表明していた。そうした中で兵朝商の発会は両国の橋渡しとなり得るもので、わざわざ大臣である石井が地方の朝鮮人商工会副会頭に過ぎない文との会談に応じた理由もここにある。そして両国の貿易を成し遂げる前提として国同士の関係改善が必要であるが、この時期は朝鮮において独立間もない時期で、しかも日本の植民地支配が記憶に新しいことから関係修復は困難な状況であった。そうした状況のため日本と朝鮮の間では密貿易が横行し、GHQもその対応に手を焼いていた。

文東建（右）と石井商工相の会見
（『兵庫朝鮮人商工会報』1947年５月７日）

密輸からの儲けは、闇市での商売とは比べ物にならない莫大な利益をもたらした。一回の密輸船の貿易で、一千万円の物資が三千万円で売りさばけるといった濡れ手に粟の商取引になることもあった。一九五〇年当時の一千万円は現在の貨幣価値では約二億から三億円になることから、密貿易商人は危険を冒して日本海の荒波を越えていった。そして何より神戸港が当時の密輸の総本山で、連日密貿易商人が摘発を受けていた。文と石井はこうした状態を打開するため、双方が努力してGHQの善処を望んだのである。

〈文　現在日本に在留する朝鮮人同胞が経済的危機の中に立っており民生問題に困惑を感じているが、この在留同胞の商工業政策に対し援助方針を伺いたい。

石井　今の処、政府としては具体的な方針は持っていないが私としては日本人と同等の考えで行きたいと思っており、何といっても商工業の振興が重要なることはいうまでもないことであるが、商工会の設立により振興の母胎となって大いに頑張って頂きたい。〉

文は石井に朝鮮人の民生問題への善処を願ったが、具体的な回答は得られなかった。ここにおいて、在日朝鮮人は自らの力で経済基盤を築き上げ、日本での暮らしを確立せねばならないという厳しい現実を文東建ら商工人は突きつけられたのであった。

第三節――文東建の商業理念

在日商工人の経営理念・哲学

兵朝商に参画した在日商工人たちは単に金儲けが絶対的な価値であるとしているのではなく、商業活動を通じてどうこの社会に参与するのかという命題を常に持ち続けていた。それでは兵朝商幹部のそれぞれの経営理念・哲学について、一九四七年五月七日の『兵庫朝鮮人商工会報』から披瀝してもらおう。

〈私は斯く思う　副会頭　文東建

　私は過ぎ去った第二次世界大戦の原因を全く経済的起因に端を発したものと断定するにやぶさかでない。為替ダンピングと言い、輸出入割当制と言い、或いは平価切下げ関税闘争が齎したるものは民族ブロック経済であり、この国際間における不平等は、ついにあの惨禍を生み出したものと思わざるを得ない。幸い世界各国は戦争の終結とともに一九四四年に成立したブレトン・ウッズ協定が四七年三月一日より活動を開始し、国際通貨問題の規整、国際通商の発展促進、為替の安定等の協調策が図られる一方、政治的対立の危機をはらみながらも、国際貿易の希望が米国を中心として機能せんとしている形成である。私は未だわが祖国朝鮮がこの国際協定に参加し活動し得ないことを不幸に思うけれど、すでに外電によれば、トルーマン大統領の宣言に基き李承晩博士の努力により独立の具体案が進捗しつつあり、また二二日、モスクワに於いてモロトフ外相の提案に依り朝鮮の南北独立政府樹立と経済的統一が米国マーシャル長官に送られている折柄、大いに我々の経済的独立が目標に迫りつつある事を悦ぶものである。この時に於いて我々在留同胞が祖国独立経済への強き基礎になるべく努力し、研究する機会に直面していると思うものである。

しかれども、われわれの経済的基盤が果たして、これを以って確立されたと断定するのは早計であると言わねばならない。会社組織にしても、正当なる企業形態の確立せるものが少なく、何れも個人経営の域を脱せず経営的地盤の脆弱さを憂うるものである。何としてもこの際、われわれ同胞の研究と飛躍的実践の力により確固たる企業体制を相提携して作らねばならない。

而して祖国経済に寄贈すべき自主性確立を推進し、より強大にならなければならない。百尺竿頭今一歩を進めて将来国際場裡にまみえ、李朝五百年の封建時代と日帝植民地の狭き門より出でて、汎く国際場裡にわれわれの抱負と経綸とを実現する日を嘱望して止まない。〉

文東建の決意からは一人の企業家の枠を超えて、国際経済の趨勢を見越した視点で在日商工人の将来像を描いていることが分かる。しかし、その中心には常に本国朝鮮があり、朝鮮の経済的独立こそが民族の発展につながると確信している。そのためには在日商工人の協力が必要であり、文は切に団結した力で難局を脱し飛躍することを訴えている。

また、会頭の朴建永は兵朝商と朝鮮本国の関係について一層緊密となるようこう呼びかけている。

〈商工会と祖国との関係は個と全体の関係であらねばならない。個なくして全体なく、全体なくして個なし、その域に達せざれば、わが商工会の活動全しとはいい得ないのである。〉

そして文東建が支局長を務める朝鮮国際新聞社の社長である許雲龍は、兵朝商に次のようなエールを送っている。

〈中国に「天命維革」即ち天命維れ革る、という言葉があるがこれは革命を意味する。然るに、兵庫県朝鮮人商工会の出現は、祖国天命維革の一発であるのであるいは、水が熱せらるるとき、摂氏百度に達するや俄然水蒸気泡となって爆発して瓦斯となる。それにもなずらうべき脱刻的飛躍現象、私のいわゆる天命維革的「飛躍」現象の発現なのである。そこに祖国の要請があり、歴史の必然が烈開力となったのである。兵庫県商工会の成立は、かく継続性、漸次性の史的発現ではなくして、実に天命維革的飛躍という史的烈開であったのであった。すでに史的烈開であり、史的激発である以上商工会の行動、活動は、これまたこの史的要請に応うるに足る天命維革的のものたらざるべからざることは、申すまでもないことであろう。老成的憶思熟慮にあらずしてその直感的ばく進、純情なる青年的猛進を期待さるる所以はここに在るのである。だから兵庫県商工会の活動は断じて事務的のそれであってはならないのである。高度の政治性――それが、寧ろより適切にそれのみが、商工会の天命維革的大使命を達成せしむる唯一の鍵を与えるだろうからである。「政治的に」そう「あくまで政治的に」〉

許雲龍の文章は、さすが新聞社の社長らしく中国の故事を持ち出して兵朝商を鼓舞しており、面目躍如の次第とも言うべきところである。末尾の「政治的」という一語から、兵朝商は単なる「経済」商工会ではなく、政治とりわけても朝鮮本国に目を向けることの必要性を訴えている。

兵朝商の活動

兵朝商は発会に際して多額の資金を調達して数万部の会報を発行し、潤沢な宣伝費を使って兵庫の朝鮮人のみならず日本人にも会の趣旨と目的を訴えた。そして発会三日目には現役の商工大臣と会談をセットしたことにより、他の経済人の目を見張らせた。さらに当時としては破格の数百万円の金を調達して、空襲で半壊となった神戸の中心街に位置する海岸通のビルを買い取り、改修に取り掛かるなど即断即決の行動を示した。経済活動の領域においては、朝鮮人の貿易はというと密輸という答えが返ってくるほどダーティーなイメージが付きまとったが、正規なルートに拠る資材の大量共同購入に着手し、化学や繊維の分野での工場建設に際しては、斯界の権威者の指導の下で計画的に事業方針を立案するなど堅実な活動方針を実践していった。

また朝連や建青の在日民族団体にとって、闇市を舞台にした進駐軍物資の横流しは莫大な活動資金となり利権と化していたが、兵朝商は進駐軍物資を手放すように勧告している。これは兵庫のＧＨＱが進駐軍物資を所持していれば、たとえそれが贈呈だとしても理由の如何に関わらず処罰することを言明したからに他ならない。すでに四〇〇名以上の拘留者が出ていることから、兵朝商としては健全な商業活動を行うことを方針化していたし、何よりもGHQと事を荒立てたくない思惑が背景にあったと考えられる。

朴正煕狙撃事件の衝撃と兵朝商

兵朝商結成から半世紀を過ぎた一九七四年八月一五日、ひとつの事件が兵朝商を始めとする在日韓国・朝鮮人に衝撃を与えた。在日韓国人の一青年である文世光《ムンセグァン》による凶弾が、大統領朴正煕に狙いを定めたのである。文が放った銃弾は朴大統領をかすめ、代わりに夫人の陸英修《ユクヨンス》に命中、彼女は即死した。

当時、朴大統領は維新体制と称した終身大統領制を敷くことにより、自らの独裁を強めていた。そのことにより韓国国内では、ＫＣＩＡ（中央情報部）による民衆弾圧が強まり、日本においても総連や反民団系の韓国人団体による「朴政権反対闘争」が盛り上がっていた。そんな矢先に朴狙撃事件が起こったのであるが、韓国政府は「北朝鮮と総連によるテロ行為」として日本政府に取り締まりを求め、一方北朝鮮と総連は、「韓国政府による自作自演の謀略劇」として非難の声を強めた。

在日社会が騒然とする中、八月二五日、兵朝商による「朴一味の謀略的策動を断固糾弾する」抗議自動車行進が行われた。この車デモで兵朝商は、「南朝鮮の捜査当局は朴大統領狙撃事件を朝鮮民主主義人民共和国と総連に結びつけ、デッチ上げ、われわれを弾圧しようとしている。この事実の真相を日本国民に知ってもらいたい」とアピールした。

この車デモに兵朝商は総力を挙げ、神戸市内、阪神、西播の県下三ブロックに、宣伝カー一二台を先頭に押し立て、約四〇〇〇台の乗用車、ライトバンに抗議の横断幕を付け、市街に繰り出させた。神戸においては、車両一五〇台を動員して、市内を東から西に縦断して行進し、気勢を上げた。

一方、民団側は九月一〇日、約一七〇〇人が参加する中、神戸市兵庫区の湊川公園で「朴大統領閣下令夫人故陸英修追悼兵庫県韓国人民衆大会」を開催した。大会には、「北傀、朝総連殺人団粉砕」等の横断幕を掲げたバスが次々と到着し、参加者全員が胸に「故陸英修女史殺人犯人、関連犯糾弾」のタスキをかけ、「スパイ工作船をやめさせよ」「朝総連をつぶせ」等のシュプレヒコールを繰り返した。参加者はこの後、陸女史の遺影と韓国国旗を先頭にデモに移り、文世光を十字架に貼り付けた張子を引きずりながら、三宮の神戸市役所前まで行進した。

朴正熙狙撃事件は、犯人文世光が同年一二月に処刑されたことから、文の単独犯とされたが、約三〇年後に突如としてその真相が明らかにされた。二〇〇二年九月、現在の韓国大統領で当時韓国国会議員であった朴槿恵が北朝鮮を訪問した。朴槿恵は金正日《キムヂョンイル》総書記と会談したのであるが、その席で金正日は、狙撃事件に北朝鮮の関与を認め、朴に謝罪の意を表した。しかし、金正日自身は事件について、「自分は知らなかった」として、自らの関与を否定した。

狙撃事件は、北朝鮮の最高権力者が罪を認めたことで、北朝鮮のテロ行為であったことが確定したのであるが、真相を知らされずに「南の謀略」の一点張りで北朝鮮の潔白を示そうとした兵朝商の行動は、今となっては虚しさを感じさせるものとなっている。

在日本朝鮮人信用組合の変遷

文東建は、在日朝鮮人が中心となって設立した金融機関、「在日本朝鮮人信用組合（朝信組）」創立にも大きな役割を果たした。朝信組は、後に朝銀信用組合（朝銀）となるのであるが、その朝銀は、今はもう影も形もない。

二〇〇〇年一二月二九日、朝銀近畿の破綻を発端に、全国各地の朝銀が次々と破綻、事業譲渡へと追い込まれた。二〇〇二年一二月、東京、関東、千葉、新潟、長野の朝銀が次々と破綻し、受け皿となる「ハナ信用組合」と不良債権処理に当たる整理回収機構への事業譲渡がなされた。そして、朝銀という名はこの地から消えてなくなってしまうのであった。最盛期には、全国に三八の朝銀系信組の数を誇り、経営規模は全国信用組合中の第二位、預金量は二兆五千億円に上っていたマンモス信組のあっけない幕切れであった。

朝銀破綻の原因はバブル時代における不動産・株式への投機流用、総連幹部による親族企業への乱脈融資、北朝鮮への送金、日本政界への政治工作資金などがあげられている。破綻処理に投入された公的資金は総額一兆四千億円に達し、そのうち二〇〇七年六月、東京地裁の判決で整理回収機構は、引き継いだ不良債権のうち六七七億円が実質総連への融資と認め、総連に対して全額の支払いを求めている。このことから朝銀が「総連の金庫」と化していた実態が明らかとなった。またバブルの崩壊をもろに受け、それが破綻の原因の一つとなった。そのことから見ても創業時の在日商工人の「互助的信用組合」という理念をかなぐり捨て、利益追求のみが絶対の信条であるとした資本家のむき出しの欲望が朝銀の命取りになったと考える。

朝銀は最後まで在日同胞を裏切り続ける醜態を見せていた。朝銀の組合員であった在日一世の老人は、朝銀破綻直前に預金を利率の高い出資金に転換するよう行員に強く勧められた。その言葉通りにするや朝銀は破綻し、出資金は当然預金保護の対象とはならず、老人は老後の資金を失ってしまった。詐欺同然の犯罪行為で、在日同胞を騙すことに朝銀職員は躊躇せず、モラルのかけらもなかった。

こうした破廉恥な行いによって、在日同胞が朝銀に対する見切りを強めたことを総連は察知し、朝銀大阪が破綻した一九九七年五月一四日、総連中央は全国の朝銀に幹部を派遣し「内外反動は、朝銀大阪の破綻を口実に、我々に対する妨害活動を行っている」と檄を飛ばして預金保全を画策した。しかし預金者の在日同胞はもはや聞く耳を持たず虎の子の預金を引き出し、その額は一週間で四〇億円以上に上った。時すでに朝銀は在日に見捨てられ、それが朝銀全体の破綻を早めたと言える。

朝銀の前進である朝信組が創立されたのは、一九五二年六月である。当時在日朝鮮人は差別と貧困に喘ぎ就職もままならず、事業を起こすに際しても金融機関からの融資は見込めない状況にあった。一九四八年には大蔵省令として極秘裏に在日朝鮮人を対象に融資禁止令が発令されるなど、民族差別は国家的な至上課題として行われていた。そして日本銀行協会は大蔵省の指示を受けて、「第三国人には融資をするな」という決定を下した。

そうしたことから日本政府に頼らず同胞同士が力を合わせて資金のやり取りを行おうと、民族金融事業の設立機運が高まった。一九五二年六月、総連系・民団系双方の人士が集い「同和信用組合」が設立され、それが在日朝鮮人による民族金融機関創立の開始とされる。

それから一年後の一九五三年六月、全国の朝信組を網羅する「在日本朝鮮信用組合協会（朝信協）」が設立され、理事長に文東建が選出された。民戦を支持する文東建がトップとなることで、朝信協は左翼色の濃い信用組合となった。

同胞信用組合結成は全国各地へと波及した。一九五二年八月には兵庫において「共和信用組合（共和信組）」、一〇月には神奈川で「大同信用組合」が設立された。設立当初はわずか三カ所の信用組合本店しかなかったが、その後全国各地に在日朝鮮人系銀行が設立され、二〇年後の一九七二年には三四の本店と一一六の店舗数を数えるようになった。また預金高も、設立時の四二〇〇万円から一五八五億円へと三八〇〇倍の増加をみた。

ここで兵庫県における共和信用組合設立について見ることにする。共和信組は県下最初の外国人経営の信組として認可された。法的な問題として外国籍の経営者が信組設立を行えるかという問題がネックとなっていたが、監督官庁である県当局が当時の大蔵省、外資委員会に諮問し許可を得たのであった。発起人総代になったのが、三栄産業社長の肩書きの文東建で、神戸在住の朝鮮人を中心に出資金を募り、一千万円の預金からスタートした。七月九日に創立総会が開かれ、八月初旬に事業開始となった。本店の所在は神戸市長田区御蔵通五丁目で、三宮と尼崎、姫路市に支店を設けるほか、県内各地に支店網を拡充していった。

在日本朝鮮人商工連合会便覧の作成

一九五七年、在日本朝鮮人商工連合会（商工連）は便覧を発刊し、会員同士の親睦と連携を図った。便覧に掲載された朝鮮人企業数は五千を超え、全国的な商工組織として存在意義を示していた。会長には株式会社大都製作所社長の李在東《イヂェドン》、理事長には三栄産業株式会社社長の文東建が就任していた。文は発刊の辞でこう述べている。

三栄産業株式会社の広告記事(1)
（『統一評論』1979年３月号）

〈日本の資本主義社会機構の中で、在日朝鮮人商工業者の置かれている位置を、政治、経済、社会等の各方面から明白にしていく仕事は、単に学者や政治家の事業であるばかりでなく、われわれ商工業者自身の課題でもあると思います。これらの諸関係に盲目であっては、商工業者に正しい意味での援助や協力もできないばかりでなく、われわれの大きな目標である相互援助事業もできないわけであります。

従来、各種の経済団体における指導方針が極めて不鮮明であり、体系的でなかったのも、もとを正せば、同胞業者のあり方に対する客観的資料の欠如に起因するところが大であると思われます。
日本の社会で、日本経済の枠の中で生存していかねばならぬ同胞業者達が、日本の経済社会に益々根を深く張り、職業の安定化をはかるためには、労多くしてしかも目立つことの少ない基礎的調査、統計部門の仕事を積み重ねて行かねばならないと考えます。〉

ここにおいて、文東建は北朝鮮支持の立場でありながら、「日本資本主義社会機構のなかで」「日本の経済社会に益々根を深く張り」と日本での経済活動を第一に掲げており、従来目立っていた祖国に対する言及は一切行っていない。かつて商工連を結成した際には、「日本での経済的成功をもって祖国建設に役立てる」との決意がなされていたが、結成から一〇年を経て考え方にも変化が見られたようだ。すなわち日本での活動は祖国へ帰還するための基盤作り、あるいは経済的貢献というスタンスが文ら在日商工人の主眼であったが、この頃は日本での定住を前提とした商業活動の本格的展開へとシフトしたように思える。また今では当たり前であるが、それまでのどんぶり勘定的な収支決算ではなく、計画的な融資の返済やマーケティング調査の必要性も訴えている。ただ文から祖国志向という概念がなくなったわけではなく、以降も経済面だけでなく文化・芸術面でも北朝鮮支持の立場を表明していくのである。

便覧での役職員の中で、文東建の肩書きは三栄産業株式会社社長であり、会社の所在は兵庫朝鮮人商工会の事務所があった神戸市中央区海岸通となっている。また職業別のリストでは「ゴム製品」の分野で、会社の住所は神戸市長田区神楽町、通称名は「文田」とされている。便覧には他に兵庫県下の皮革、ゴム、ビニール製品の事業所併せて八三社が名を連ねており、ほとんどが神戸市長田区・須磨区での立地、操業であった。文東建は「倉庫業」にも登場し、朝日倉庫運輸株式会社の会社名で、住所は神戸市中央区雲井通、現在のアスコホールディングス（社長は文東建の子息の文弘宣《ムンホンソン》）が所在している。文は共和信用組合の立ち上げの中心人物であったが、この時期は顧問の一人として名を連ねている。

三栄産業株式会社の広告記事(2)
（『在日本朝鮮人商工連合会便覧』より）

商工連の総連加盟

商工連は総連とともに北朝鮮への支持を示したが、韓国と関係改善を目指す日本政府からの圧力に見舞われていた。日本政府は一九五五年一〇月の各省次官会議において「北朝鮮との人的、物的交流は認めない」との方針を決定した。当時は日本と韓国との国交正常化を目的とした日韓会談が行われていた時期であり、日本は韓国に配慮した形で北朝鮮を牽制する動きに出ていた。こうした日本の姿勢に対して、総連と商工連は一九五八年一月に「在日本朝鮮人貿易協同組合」を組織し、在日商工人と北朝鮮が直接貿易できるよう働きかけた。時は北朝鮮への帰国事業が開始された時期でもあり、日本の世論は韓国よりも北朝鮮への支持が強まっていた。このような状況下、一九六一年四月に次官会議方針は撤回され、日本と北朝鮮との間での輸出入直航貿易が開始されることになったのである。

ここで、日本と北朝鮮との貿易の窓口となったのが、一九六一年八月に設立された「東海商事株式会社」である。会社設立のきっかけが、一九六一年六月に帰国事業の窓口となった新潟で開催された「祖国貿易実現在日朝鮮人大会」で、当初は商工人の共同出資であったが、総連の傘下となることで総連直営の対北朝鮮貿易会社となった。

東海商事の社長であったのが安商宅《アンサンテク》であった。彼は解放直後は民団に加盟していたが、見切りをつけ商工連に加入した経歴を持つ。このあたりの遍歴は文東建と同じであるが、安はさらに北朝鮮の最高人民会議代議員の在日から選出された議員として名を残している。東海商事は最盛期には平壌に駐在事務所、ハンガリーのブダペストと中国の広州には営業所を置くなど世界三〇カ国と国際取引を展開したが、北朝鮮の経済破綻とメインバンクである朝銀の経営悪化により一九九九年に倒産することになる。北朝鮮と総連の勢いが凋落する中、ここでも商工人の夢は潰えることになるのである。

商工連は一九五九年六月、総連への加盟を決定した。総連結成から四年が経過しており、いささか遅きに失した感がある。その理由として、商工連に集う商工人の中に、「政治活動は総連がし、商工人は経済活動だけをすればよい」といった「政経分離論」や総連の「指導」を拒もうとした「中立論」の台頭が挙げられる。しかし、文東建らの総連にごく近い理事が中心となって、総連への傘下団体となることに粘り強く働きかけたことが功を奏したのである。

北朝鮮と商工連

総連傘下となったことで、商工連は北朝鮮との関係を強める反面、日本政府とは対立を深めることになる。一九六五年の韓日条約締結以降、日本政府の総連や在日朝鮮人に対する治安管理政策は強化され、一九六九年には「出入国管理法」の改悪が画策された。これは日本に居住する外国人の政治活動を規制し、違反する者は退去強制が恣意的に行われるという在日朝鮮人をターゲットにした治安立法であった。

総連や一部民団系を含む在日コリアンがこの策動に強く反対することで、法案成立は見送られたが、商工連を含む在日組織に対する弾圧政策は継続された。一九六七年一二月には、朝銀東京信用組合本店が二〇〇名の警察によって強制捜索され、商工人の名簿や帳簿等が押収された。こうした動きは、総連と商工連の資金の流れを警察が把握することに繋がり、総連と商工連は総力を挙げて反対闘争を展開し、一五年以上にわたる公判が行われることになった。

総連と商工連は、日本政府の圧力に屈しないためにも、積極的に日本の世論に北朝鮮との貿易を訴える戦術に打って出た。一九七〇年には東京上野の朝鮮会館において、北朝鮮の商品展覧会を三二〇日間にわたって開催し、主催者発表で七一万人の参加を成し遂げた。

さらに北朝鮮との関係を強めるため、商工連は「金日成への贈り物運動」の最前線に立ち、一九七二年には貴金属の食器セットと樹齢二五〇年の野生の桑の木製の食卓を送った。まさに商工連は、北朝鮮への忠実な送金機関と化し、それが在日商工人の愛国運動の発露となったのである。在日商工人は日本社会で差別される中、自力で経済活動を行い、財を成した。しかし、その多くがパチンコ産業や焼肉屋等で、日本社会からは大っぴらに評価されるものではなかった。日本人からは「成り上がり者」としか見られず、経済的に成功したとしても在日商工人は胸を張って生きていくのが困難であった。そうしたところに総連は「北朝鮮に献金することが愛国的である」と喧伝し、それが商工人にとってのステータスともなった。さらに商工人の子弟らが北朝鮮へ帰国するケースが多く、彼ら「人質」への「仕送り」と称する献金も莫大なものであった。

後に文東建は『統一評論』の一九七九年九月号の誌面の中でこう語っている。

「わたしは、若い世代の台頭に勇気づけられ大きな期待を抱く反面、一抹の危惧の念を禁じえない面もある。それは、政治と経済を切り離して考えてはならないということである。

日本という資本主義社会で生まれ育ち、独占企業の使いやすい人材のための『政経分離』うんぬんという風潮の強いなかで、誤った社会観にとらわれやすい現状こそ要注意と思われるのである。

これは、祖国と民族の運命を無視して個々が孤立した自己の人生設計を樹立したことなど、砂上の楼閣もひとしく望んでも得られないということである。」

文東建のこうした総連系の在日一世に多く見られる経営哲学は、金日成が一九八五年四月に発行された「朝鮮海外僑胞運動について」の中で、「在日朝鮮商工人は祖国と民族のための愛国事業に積極的に寄与すべきである」との「お言葉」に対する忠実な答えであった。文はこうも語っている。

「在日朝鮮同胞にとって祖国より貴重なものはありません。したがって、あらゆる力と知恵をかたむけて社会主義祖国の隆盛発展に積極的に寄与することは、在日商工人とすべての朝鮮同胞のもっとも尊い義務であります。」

しかし、在日社会も世代交代が進んでいく中、朝鮮半島と在日コリアンのつながりが疎遠になり、文東建らの考え方はもはや時代遅れの遺物となっていくのである。

文東建の経済観念

『中央公論』の一九五二年九月号に、「在日朝鮮人の生活と意見」と題された特集記事が座談会形式で掲載された。その中で文東建は自らの経済活動と信念を語っているのであるが、以下にその内容を抜粋して掲載する。五二年と言えば、「メーデー事件」や「吹田事件」「大須事件」が三大騒擾事件と呼ばれ、朝鮮人組織である在日民戦とそれを指導する日本共産党（日共）が過激な暴力闘争を行った時期であり、世間の朝鮮人を見る目は決して良くなかった。そうした中で行われた座談会であって、文は朝鮮人の置かれた処遇となぜ武装闘争を選択せねばならなかったのかについて雄弁に語っている。なお司会は評論家と紹介された大宅壮一であり、文の肩書きは「ゴム工場経営」、他の出席者には学校教師と紹介された後の総連副議長となる李珍圭《イヂンギュ》もいた。

〈大宅　終戦直後から最近にかけての生活の推移、対日本人の関係、そういったものから承りたいと思います。

文　この間七府県の知事が集まって、朝鮮人の生活を見てやらなければというようなことを協議したが、これは日本人の言葉として終戦後初めてのことだ。終戦直後は、日本経済の実力から見て、すぐそこまで手が延びなかっただろうが、朝鮮人に対して、責任ある人が温かい言葉をかけるべきだったと思う。終戦当時は日本人も暴れたのであった、朝鮮人が騒いだ率は微々たるものだ。アメリカ軍が入ってきて、ちょっと大きな工場はみな閉鎖されたが、その中で朝鮮人は工作機械なんか買ってめちゃくちゃに飛び込んで行った。日本人よりも朝鮮人が行って頼んだ場合に、アメリカの責任者達もよく取り上げてくれた。闇をやったという問題もあるが、終戦直後は戦時統制経済、総動員法が残っており、あの法律がかわるまでは、闇なくして日本の経済が復興したか、ということが問題だ。日本の先生たちは自分らの面子があるから朝鮮人にやらせる。朝鮮人は使い走りをやって、もらった金で飲んだり食ったりしたから、儲けたように見えるが、やはり日本人の手先であった。そうして罰せられるときは朝鮮人が罰せられた。罰せられると朝鮮人の団体に頼んで軽くしてもらう。こういう現象が、闇で儲けたという噂の出る一つの原因だ。儲けた日本人が、何かお前もやりなさいというのでやらせる。そういうもので家内工業を起こしたものもあるが、現在では辛うじて中小企業をやっているものが少数、旅館、料理屋とか、こまかいものが二、三％、後四〇％から五〇％は焼酎屋、残りはふらふらしたブローカーで知合いの朝鮮人のところへ行って生活している。以前は朝鮮人は植民地根性で利己的だったが、最近はいささか儲けたものでも別けて食うというふうに変わって来た。

大宅　すると朝鮮人には、富の蓄積は現在あまりないわけですね。

文　在日朝鮮人の資産の総額はおそらく一〇億ないと思う。朝鮮人連盟の財源が八千万円だったから、その一〇倍に見て八億ぐらい。一人当たり二千円足らず。私のやってきたゴム工場が一番大きく発展した部門だが、二百幾つかある。それを全部たたき売ってみても、一つの工場で平均百万円にならぬ。二百戸で二億です。繊維では織機一台か二台の工場が幾つかあるが、大きいのは七つ。大阪の坂本紡績なんか一億ぐらい設備があるが、今度一億二千万円の担保に入っている。繊維を全部合わせても二億しかない。その他には消火器とか写真機とかあるが、それを集めたって幾らにもならない。

大宅　朝鮮人だけの金融機関は？

文　最近できました。二年ほど日本の政府に、頼みますお願いしますといってきたが、融資はできない。朝鮮人自身の金融機関を持たなければという結論が出て、銀行をつくることになったが、資本金がない。一番零細な日本の協同組合法による信用組合を六大都市だけでも先につくろうと、今東京と神戸でスタートを切った。一千万円ぐらいの資本金ではとてもおっつきゃしないが、多少でも貸し出そうという辛うじての線が出ている。

大宅　朝鮮人で日本の中流的な生活をしている人はどのくらいありますか。

文　二％でしょうね。焼酎屋まで入れての話ですが……。そうすると中流階級と称するだけの者は神戸に二、三人、東京に五、六人……。

大宅　日本の企業体とか、官庁のサラリーマンに就職する人はありますか。

文　東京都内で区役所か郵便局、逓信局へ入った人が、日本人になるかならぬか、ならなければやめてもらわなければいかぬと言われたのが幾人かいるようだ。〉

文東建は発言の中で、朝鮮人が戦後の混乱期に騒動を起こしたという認識に対して、「終戦当時は日本人も暴れたのであった、朝鮮人が騒いだ率は微々たるものだ」との発言を行っている。それには理由があり、戦後形成された一面的な朝鮮人観が朝鮮人差別の温床になっていった。朝鮮人に対するいわれのないデマが飛び交ったのだが、例を挙げると、「朝鮮人が日本の貨幣の三分の一を握っている」「朝鮮人が社会的不安を醸成している」「朝鮮人労働者が石炭を掘らないから燃料・原料不足が起きている」等々である。これらは、何ら根拠のない噂の類であるが、日本の経済不況の要因が朝鮮人にあるといった悪質なデマの蔓延を打ち消すため、文東建はこうした釈明に追われたのであった。

在日の生活権擁護闘争

話は経済的な事案から、当時朝鮮戦争下、在日民戦が主導した在日の生活権擁護闘争に移る。一般的にこの闘いは、極左武装闘争と呼ばれるが、そうせざるを得なかった当時の状況について文東建は次のように説明している。

〈大宅　日本人は、在日朝鮮人について、何十％かは北朝鮮系共産党支持だというふうに考えているが、実情はどうなんですか。

文　一般朝鮮人は、今の段階では一種の民族主義者だ。朝鮮人はあまり教育がないが、政治的感覚はすごく発達している。最初はそんなことはなかったが、最近は決定的に南の政府のやり方を売国的、買弁的と見ている。ほとんど皆がそう考えているといっても過言ではない。最近は事業家まで批判の仕方もかわり、右翼的な人はあまりいなくなってしまった。最近は密貿易はあまりしないが、買出し部隊が南朝鮮から日本まで船で入ってくる。それで向こうの情勢は目に見えるようにわかるから、どれが正しいか、どれが悪いかということは大体把握しているといえる。

大宅　朝鮮人はアメリカの兵隊ばかり悪いと言うじゃないか、という印象を日本人は受けている。

文　アメリカあるいは国連軍は、主導権をマッカーサーが握って、李承晩を動かし、すべてを動かしている。中共軍は金日成《キムイルソン》の下じゃないが、金日成が最高司令官だ。援助という言葉が事実の上に現れている。朝鮮人は各人がそう考えている。

大宅　大部分の在日朝鮮人がそういう考えだとして、その中で積極的に日本共産党と結びついて行く者がどれくらいありますか。

文　終戦後朝鮮人の問題を直接自分のものとして援助をし、政策を立てて助け、国会でも言ってくれたものは共産党以外にない。そうすると初めは共産党はきらいだった者も、危険なときにやってくれるから、確実にあれはわれわれのためにやってくれるというのが、一般大衆の気持です。社会党左派が去年朝鮮人の問題を取り上げようかといっただけで、自由党、改進党、社会党の中にも、個人としてはそういう人はいるが、政党としてはそういう議論はなかった。

大宅　日本人一般は、朝鮮人が共産党と手を握っているというより、逆に共産党をひきずっている、火炎瓶その他は朝鮮人のイニシャティーブのもとに行われているというふうに感じていますが……。

文　火炎瓶が出てきたについては、前に段階が二つあったと思う。一九五〇年、生活事件というのがあった。生活保護法を適用してくれというと、区役所あたりで、朝鮮人は三国人だから適用しないということで、どこへ行ってもやってくれない。それじゃ死んでしまうと交渉に行った者を、警察は殴った。そこで石の投げ合いをした。この事件は小さかったかもしれないが、そのまま済まず、多数の警官を動員して逮捕に来た。その時逃げるために唐辛子で目つぶしをかけた。これが第一段階。第二段階は何かの記念日の会を許可しない。それなら会はわれわれの学校でやるといって始めたら、警官がとり巻いた。逃げるつもりで唐辛子を投げたり抵抗した者がピストルで撃たれて、死者まで出した。そこで、何かないとしょうがないということで、竹棒を持ち出した。それから第三弾目に火炎瓶が生まれて来た。これは警察に対する火炎瓶の闘いだが、この闘いは朝鮮人同士の間にもある。これを民団と北朝鮮との喧嘩と解釈しているが、違う。そういう青年は自分の身を張ってやるという気持で、生活の問題なり政治問題なりで働いている。一方、日本の警官と連絡をもってスパイをやる者が、ドブロクを造っていると密告して、釈放のときは自分が迎えに行ったり、もらい下げをやったりする。これは戦時中多かった。昔の協和会の指導員は全部、密告して金をもらい、一方、三百代官的なもらい下げをやっていた。そういうものに対して朝鮮人は徹底的に憎悪心を持っている。それを今でもやっている者がある。それに対してやるなやるなと何回も警告して、しまいには喧嘩になる。警察は向こうを守っているし、まともな喧嘩はできない。これを投げてしまえ、というのが火炎瓶です。決して初めから計画してやったのではない。〉

共産主義における民族問題

ここで補足すると、文は「共産党は朝鮮人の味方」としているが、これはあまりにも無邪気な考えと言える。議会で日共は朝鮮人の民生問題を取り上げたとしているが、これは朝連からの多額の資金をカンパしてもらっている関係上、取り上げざるを得なかったというのが実情であろう。もちろん共産主義者の中には、「共産主義には国境はない」として朝鮮人に好意を持つ党員もいたには違いないが、党指導部の方針は冷徹に朝鮮人をあるときは利用し、あるときは切り捨てようとする方向性であったことは否定できない。

こうした共産主義運動内における民族問題のルーツは、戦前のスターリンによる「一国一党の原則」に由来する。一九二八年一二月、コミンテルンは「朝鮮の農民および労働者の任務に関するテーゼ（一二月テーゼ）」を発表した。この「一二月テーゼ」は、分派闘争に明け暮れる朝鮮共産党に対するコミンテルン支部としての承認を取り消すといった内容で、同時にインテリ層に主眼を置いた従来の朝鮮における共産主義運動を清算し、労働者・農民層に根付いた活動を展開するよう指令したものであった。朝鮮共産党解散により、寄る辺を失った朝鮮本国の共産主義者は地下に潜行した運動を細々と継続する一方、海外在住の共産主義者はその国の共産党に依拠した活動を展開する選択を取らざるを得なかった。

一九三〇年代に入ると、コミンテルンは海外在住の朝鮮人共産主義者に対して「中国東北地方にいる朝鮮人は中国共産党に加入し、また日本にいる朝鮮人は日本共産党に加入して、それぞれ現住国の革命のために闘って国際プロレタリア主義を貫くこと、それが朝鮮人の任務である」との意味内容の指令を行った。この指令の背景には、コミンテルンが国際共産主義運動を指導するに当たって「一国一党」の原則を実施し、国外に在住する共産主義者は、現住国の労働者・農民の解放闘争に積極的に参加すべきだというスターリンの「民族問題」に依拠していたことが挙げられる。すなわち一九三〇年代以降の日本における朝鮮人の共産主義運動の主目的は、「天皇制打倒」と「日本革命」に向けられた。このことから朝鮮人の悲願である「祖国の独立」「民族の自立」は二の次に追いやられ、日本共産党の指導に服することが求められたのである。そうした動きの中で、朝鮮共産党の満州総局や日本総局は解体宣言を発し、それぞれ中国共産党と日共に合流することを決議した。併せて、日本における朝鮮人労働者の権利擁護のためにナショナルセンター的な運動を展開してきた「在日本朝鮮労働組合」も解散し、「日本労働組合全国協議会」に加盟することになった。

こうしたコミンテルンの朝鮮問題に対する一連の方針は、植民地被抑圧民族の共産主義者にとって、居住する植民地宗主国共産党の指示に従うことを義務づける、民族性や特殊性を軽視した不当なものであった。しかし朝鮮人共産主義者がインテリによる党派闘争に終始しているといったコミンテルンの指摘はある意味もっともなことであり、朝鮮共産党は一九四五年八月の解放の日まで再建されることはなかった。当時のコミンテルンの指示とは、「労働者の祖国」として世界の共産主義者にとっては神の如く君臨するスターリンの「お言葉」そのものであり、その内容は絶対的なものであった。一例を挙げると、スターリンが七〇歳の誕生日を迎えた一九四九年一二月二一日、世界各国の共産主義諸国からお祝いの小包が一〇〇万個以上送られた。これはギネス記録とも言うべきもので、個人に対するプレゼントの数としては世界最高であろう。

だからこそ各国の共産党幹部はこぞってコミンテルンの指示を仰ぎ、また「コミンテルン支部」の肩書きを得ることで、「本家本元」の共産党として党を取り巻く外郭団体やシンパ層に「葵の御紋」よろしく自らの存在感を知らしめる効力を発揮したのであった。すなわち植民地宗主国において、被抑圧民族の共産主義者の活動は、自ずと宗主国の共産党に絶対服従することが義務づけられ、被抑圧民族の主張を優先しようとすればコミンテルンの名のもとに、分派や挑発者、甚だしくは「帝国主義のスパイ」とみなされ、追放・粛清の憂き目に遭うこと間違いなしであった。

それほどまでにコミンテルンは、各国の共産主義者にとって絶対的存在であったのである。そしてコミンテルンは一九四一年、ソ連とアメリカが反ファシズム連合戦線を組み、ドイツと日本の枢軸国との戦争を開始したことから、アメリカとイギリスからの要求により解散することになった。しかし、その後に連合国側が第二次世界大戦に勝利したことから、ソ連共産党とスターリンの位相は一層高まり、東欧諸国や中国、朝鮮等のアジア各国へ影響力を強めていくのである。

コミンフォルムの傘

第二次世界大戦後、ソ連の世界戦略は、さらなる領土の膨張と衛星国への勢力拡大に主眼が置かれた。それはイギリス首相のチャーチルに「鉄のカーテン」と言わしめるほど西側諸国にとっては脅威となり、朝鮮半島北部においてもスターリン型の一党独裁共産主義国家建設が推し進められた。そしてスターリンは、北朝鮮の首班に金日成を指名し、金日成はソ連を後ろ盾として個人崇拝を人民に強要していったのである。

日本においては敗戦後、野坂参三によって「愛される共産党」をスローガンにすることで、議会に議席を獲得するに至ったが、東西冷戦が激化する中、ソ連にとっては日本の米軍基地が脅威に映っていた。そのためアメリカとは直接対峙しようとしない当時の日共指導部の「平和革命による人民政府の樹立」は、マルクス・レーニン主義とは縁もゆかりもない絵空事であるとして、野坂理論を激しく排撃した。それが朝鮮戦争開戦半年前の一九五〇年一月に発せられた「コミンフォルム批判」であり、日共はコミンフォルムの批判に全的に服し、議会制民主主義の方針と決別、「中核自衛隊」や「山村工作隊」に見られる山岳ゲリラ闘争を展開するのである。そしてその武装闘争の先頭に立って「反戦、反吉田、反軍備」のスローガンを叫び、GHQと日本政府に対峙したのが、在日朝鮮人の共産主義者であった。朝鮮人が自らの境遇とは関わりの薄い「日本革命」という闘争目標に突き進んだ理由がまさにここにある。すなわち、「無謬《むびゅう》」であるソ連共産党の指令は共産主義者にとっては絶対的な教示であり、この場合は日本共産党に対する「コミンフォルム批判」が当たる。そして朝鮮においての共産主義運動の指針は、「一九二七年テーゼ」以来、公式にソ連から提示されたことはなく、それが第二次世界大戦前後を通じて亡霊の如く生きながらえ、共産主義者を呪縛していた。いわゆる「一国一党」の原則であり、在日朝鮮人が本国問題よりも日本国内問題をイシューにして闘争を繰り広げた所以である。当時の朝鮮人共産主義者の認識は、「日本を解放することで朝鮮は解放される」という命題で刷り込まれており、何の疑いもなく指令された運動方針を忠実にこなしていったのである。文東建が、おそらく純粋かつ本音で「日本共産党は朝鮮人の味方」と語ったのも、彼が戦前の活動のために検挙され投獄された経験から、「共産主義者は不屈の精神で日本帝国主義と闘った」という実体験がもたらせた血の教訓に拠ったものと考えられる。

在日朝鮮人運動の指導体系

一九五三年に入ると、朝鮮戦争が三八度線上でこう着状態に陥り、またその年の三月にはスターリンが死去したことにより、停戦の動きが見られ始めた。しかし、そうした状況であっても、日共と在日民戦の武装闘争は継続し、九月には平壌放送で、「在日朝鮮人の運動を日本共産党の指導にゆだねる」との声明がなされた。これは北朝鮮政府が、在日朝鮮人の運動を日共に売り渡すという「一国一党」の指導原則に従ったことを公式に表明したものであった。そして一九五三年七月に朝鮮戦争停戦協定が調印されると、日共の内部でそれまでの武装闘争を総括する論議が出始めた。それでも翌五四年には、いわゆる「二月方針」によって、在日朝鮮人運動に対する日共の指導を強化することが決定され、引き続き党の朝鮮人に対する指示体系に変化はなかった。

それが、三月に北朝鮮に出国していた金天海《キムチョネ》祖国戦線議長が朝鮮中央放送を通じて、「在日朝鮮人に共和国国民として日本国民との団結を訴える」との声明がなされ、「在日朝鮮人は共和国国民である」との立場が明らかとなった。そして八月、わずか一年前に「在日朝鮮人の運動を日本共産党の指導にゆだねる」との舌先が乾かぬ間に、「南日《ナムイル》声明」が突如として打ち出されたのである。内容は、北朝鮮の外相南日が「在日朝鮮人はわが国の在外公民であり、日本政府に権利の保護を要求する」といったものであった。すなわち、これまでの日共、民対の運動方針を否定するものであり、今後の在日朝鮮人運動は北朝鮮政府が指導することを公式に主張したものであった。それを受けて日共も翌五五年一月「在日朝鮮人運動について」の談話を発表、これまでの在日朝鮮人運動を総括、批判することを決定したのであった。

五月二四日、在日民戦第六回全体大会が開催され、在日民戦の解散が決定、翌二五日に在日民戦に代わる組織として「在日本朝鮮人総連合会（総連）」が結成された。七月には日共による最後の民対全国代表者会議が開催され、民対を解消すると同時に朝鮮人党員は党籍を離脱することが決定された。こうした一連の在日朝鮮人運動の指導体系の変遷は、北朝鮮政府と日共の上層部が決定した事案であって、一般党員が論議して受け入れたわけではなかった。朝鮮人党員は、ただ党指導部の指令に忠実に従い、活動を展開したのであって、上部機関が変更されたからといって、責任云々を問われるはずはなかった。しかし、日共の武装闘争に忠実に従った朝鮮人党員は、新たに結成された総連指導部の韓徳銖《ハンドクス》ら「先覚分子」から「後覚分子」として非難され、自己批判することを余儀なくされた。こうした共産主義運動における「誤謬を犯さない百戦百勝の党指導部」という姿勢や「上部の方針に忠実で、自己批判と自己犠牲に満ち溢れた一般党員」といった在り方は、改められることなくこれ以降も継続し、指導部の方針についていけなくなった者は「裏切り者」とのレッテルを貼られ、呵責のない罵詈雑言にさらされるのであった。
総連結成後、文東建はと言うと、組織に忠実となって主に金銭面で総連を支え、いつしかそれは組織の思惑を超えたベクトルとなって、日本と朝鮮半島に向かうのである。

文東建と日本社会

話を座談会に戻す。

〈大宅　税金とか選挙権とか、公人としての生活問題はどうですか。
文　税金は同じに払うことになっているが、選挙権はない。選挙権は市くらいには発言さしてくれ、市民権をくれということで要求している。税金は率直の話、終戦後払っていなかった。これは選挙権をくれたら払うということで、たまっていた。それを六年後に全部とるということになり、すったもんだやって、チョビッとまけてもらって遡って払う。早く払えばもっと安くしてもらえたかもしれないが、放っておいたから結局損をしたというのが一般です。
大宅　この前密入国した韓国人を大量に送還したが向こうで受け付けなかったことがあったが、帰ってきた人はどうなりました。
文　南朝鮮政府としては、出入国管理令ができる前、外国人登録令問題の当時、李承晩がマッカーサーのところへ来たとき、強制送還された者は受入れるという約束をした。それが日本にいる朝鮮人にわかって、相当騒いだし、南朝鮮でも新聞が書き、みなデモをやるので、秩序が保てなくなった。そこへ、今までは登録令違反で送ったが、今度は以前から日本にいて政治色の濃い人も、いわゆる好ましからざる人物として百二十五名ほど強制送還したから、国民が黙っていない。大統領選挙をひかえているので、首相になった張勉《チャンミョン》さんが手をうって、これは約束していないから、今のところ受入れができないといって還して来た。それでこの間、吉田茂さんは岡崎さん（筆者注：岡崎勝男外務大臣）に向かって、早く日韓会談を再開しろ、いろいろ条件は出ておったが、少々ほかのところは譲歩してもよいから、送還を早くやれといった。強制送還については、事業家なんかは、悪いやつだけ送還されるんだということで、初めは黙っていた。ところが今度の管理令について聞いてみると、ちょっと待てよ、二四条かによって、売淫をやってもいかぬし、そのための宿屋もいかぬ、闇をやったらいかぬという。さらに管理令が出てから金融界の人は警戒して、いつ帰るかもわからぬから貸せないし、貸すのだったら担保を入れなさいと率直にいう。だからなんにも仕事がやれなくなった。こうなったら事業家もくそもない、青年は戦う、金持ちは金を出す、という考え方が出ている。〉

朝鮮戦争後、日本と韓国は国交正常化に向けて会談を積み重ねていくのであるが、その中で在日コリアンの処遇をどうするかが課題に挙げられた。それは不安定な在日の権利擁護確立といった次元の話ではなく、両国間の「腫れ物」「厄介者扱い」で双方が責任を押し付けあう論議に終始した。すなわち、在日コリアンは日本においては「準犯罪者」であり、出入国管理令や外国人登録法で治安管理され、それに反対する者は否応なく退去強制処分とし、それを韓国政府に受け入れを求めるといった類であった。さらに、日本政府は法を拡大解釈して、違反する商工人をも規制し、退去強制することをほのめかしたのである。

こうした日本政府の方針に対して韓国政府は、退去強制された在日を政治犯として扱うという、人道のかけらもない強硬姿勢であったことから、文東建を始めとする在日の識者らは危機感を持っていたのである。

日本と朝鮮の友好のために

座談会の最後は、今後の日本と朝鮮半島の関係について、文東建の意見で締めくくられている。

〈大宅　皆さんの追いつめられた境遇がよくわかりましたが、最後に日本と日本人への注文を承りましょう。

文　この情報は外務省にも入っていると思うが、三八度以北にいる日本人は、自主的に日本の小学校をつくって子弟を通わしている。南ではそういうことがない。こういう点もお知らせしておきたい。六十万人の中には、朝鮮が統一されて平和になれば、すぐにでも帰りたいという人が多い。それから、日本でもわれわれが働けば、家も建つし、道路も建設し、いろいろな仕事もするという面も考えてもらいたい。最近も中日友好協会とかいって、中国と日本が親しくならなければならぬとか、また宮腰さん、帆足計社会党議員さんあたりが中国へ行って来たが、朝鮮と日本が仲良くしようと言わない、それは非常にふしぎだ。しかし、朝鮮を忘れ物にして中国と日本とは友好になれない。〉

ここで「宮腰さん」という人物が登場したが、当時の改進党議員の宮腰喜助のことである。「帆足さん」とは社会党衆議院議員の帆足計のことで、後に「在日朝鮮人帰国協力会」の幹事長として帰国事業に携わる。二人は座談会前の一九五二年四月にソ連と中国を国会議員として公式に初訪問し、北京で日中貿易協定に調印した。その成果を報告するために名古屋入りしたのが七月七日で、そのときに極左武装闘争の象徴的な「大須事件」が起こるのである。

文東建は商工人としても、最後まで朝鮮と日本の架け橋の役割を果たそうとしていた。様々な誤解と偏見が両国の間に横たわり、必死でそれを解きほぐそうと文はもがくのであるが、そうであればあるほど文東建に対する批判が彼を苦しめるのである。

第三章　文東建の見果てぬ夢

第一節——総連における文東建の位置

朝鮮画報

文東建《ムンドンゴン》は一九五四年以来、「朝鮮民主統一同志会（統一同志会）」の会長であったが、政治的な活動からは一線を引き経済活動に専念していた。統一同志会も機関紙『統一評論』を現在に至るまで発行しているが、総連内で大した活動は行っていない。そんな文東建が総連内で影響力を発揮したのが、一九六〇年に社長に就任した「朝鮮画報社」での活動である。朝鮮画報社から発行された『朝鮮画報』は発行部数三万五千を数え、北朝鮮の国内事情と総連の活動を紹介する月刊誌として創刊されていた。

『朝鮮画報』の創刊号は、金日成《キムイルソン》の生誕五〇周年に併せて発行され、編集方針は以下の如く総連系の出版物に共通するものであった。

①朝鮮労働党の平和的統一政策と共和国での社会主義建設の成果
②共和国人民の政治、経済、社会、文化生活の優越性
③朝鮮人民の古典的な文化遺産と共和国の民族文化の堅持
④南でのアメリカ植民地政策と南の人民生活の惨状及び祖国平和統一の為の人民闘争
⑤在日朝鮮公民の生活実態と朝鮮総連

雑誌の中身は全文日本語で、贅沢なカラー刷りが特色であった。しかし社長であっても、文東建はあくまでも「黒子」に徹し、主人公はどこまでも金日成と総連議長の韓徳銖《ハンドクス》であった。

『朝鮮画報』1972年11月号。表紙の人物は北朝鮮の功勲俳優である洪映姫《ホンヨンヒ》

朝鮮画報の活動

朝鮮画報社では、画報の月一回発行だけでなく、北朝鮮や朝鮮半島の歴史を紹介する様々な学術出版を行っていた。一九八〇年には『朝鮮美術博物館』というB四版、二四〇ページ、定価三万円の美術書を刊行している。題名にもある「朝鮮美術博物館」とは、一九五四年平壌に設立された古代から現代に至る

朝鮮美術の秘宝の数々を所蔵した知る人ぞ知る博物館であった。本の特色は、日本においてはあまり目に触れることのできない高句麗時代の壁画を、カラー図版で余すところなく紹介している点にある。高松塚古墳壁画に見られる日本と朝鮮半島の文化の類似性は日本と北朝鮮、韓国の学会においても関心が高く、こうした書籍は格好の研究資料となったといえる。本の中身はというと、北朝鮮の朝鮮美術館所蔵の高句麗壁画の数々で彩られている。雄々しく威厳を持った王や大らかな表情の王妃の肖像画、王の行列図、踊りや相撲、曲芸に興じる人びとが明快な線と華麗な色彩で描かれ、韓国ドラマ「朱蒙《チュモン》」の時代を生き生きと現在に甦らせる作りとなっている。隋帝国と対等に渡り合い、「東北の強国」と呼ばれた高句麗が、武力だけでなく優れた文化を有していたことを示す貴重な画集であるといえる。韓流ブームで日本においては研究者だけでなく一般市民にあっても、高句麗を始めとする古代朝鮮半島の歴史に興味が集まっている中、時代を先取りした逸品であることは間違いない。そしてこの『朝鮮美術博物館』で紹介された垂涎《すいだ》の展示物の数々を、後に文東建は自らの集大成として神戸で広く知らしめるのである。

朝鮮画報創刊一〇周年祝賀宴

一九七二年五月一日、『朝鮮画報』創刊一〇周年を記念する祝賀宴が、東京八芳園で二〇カ国六〇〇余名が出席する中、盛大に開かれた。その模様は『朝鮮画報』の一九七二年六月号で報告されている。記念集会には総連から中央議長の韓徳銖や第一副議長の金炳植《キムビョンシク》を始めとする幹部と言論・出版部門の活動家ら四〇〇名が参加した。なおこの金炳植は当時総連のナンバー・ツーで、自分に忠実な青年・学生を「ふくろう部隊」と称して私兵にし、総連内の敵対する人物を「宗派分子」として次々査問にかけ、恐喝・暴行を繰り広げて組織から追放していったいわくつきの人物であった。そしてその魔の手はトップの韓徳銖にまで及び、韓の自宅に盗聴器を仕掛ける等、常軌を逸した行動に打って出ていた。祝賀宴が開かれた時期は、まさに韓徳銖と金炳植の対立が極限を迎えていた頃で、この年の一〇月に金炳植は南北赤十字会談の諮問委員として平壌に派遣されたが、日本での行いを罪に問われそのまま北朝鮮で死亡するまで留め置かれた。金が北朝鮮で「反党反革命宗派分子」として処断されたことは皮肉としか言いようがない。

韓徳銖はこの場で『朝鮮画報』の一〇年の道のりとその成果を評価し、今後の課題についても言及した。来賓として日本人や旧ソ連、東欧諸国からの参加者が、総連と『朝鮮画報』を賛辞する言葉を口にした。その中には日本の与野党国会議員や大学教授、手塚治虫やコロンビア・ライトら著名人の姿も見られ、作曲家の團伊玖磨は「音楽と芸術の国――チョソン民主主義人民共和国は、すべての人びとの未来像である」とまで褒めちぎった。現在の日本の世論が拉致事件や核開発、ミサイル発射で、北朝鮮を敵視する風潮一色に染まっていることから、この頃の総連・北朝鮮の姿を想像することは困難である。しかし当時の朝鮮半島の状況はというと、韓国はまだまだ貧しく朴正熙独裁政権による民衆弾圧がアメリカを始めとする西側諸国で問題となっていた。また「拉致事件」と言えば、一九七三年に起こったＫＣＩＡ（韓国中央情報部）による「金大中拉致事件」のことを指し、韓国は日本の進歩的知識人・左翼陣営から厳しい批判の目で見られていた。一方、北朝鮮は情報が入りづらいことが幸いして、「千里馬運動」や「主体の国」というイメージで、貧しいながらも希望の国づくりを行う「地上の楽園」という今では信じられない評価を受けていた。『朝鮮画報』や総連の宣伝活動がこうした韓国＝「悪」、北朝鮮＝「善」というステレオ・タイプのものの見方を形成したことは事実であり、そういった面でも『朝鮮画報』の果たした役割は大きいといえる。

この栄《は》えある場においても文東建は「集会では、本社社長が報告を行った」と一文のみが記されているのに過ぎなかった。文は、総連においては決して自ら進んで表舞台に出ようとはしなかった。それにはある理由があった。

朝鮮問題研究所と朝鮮研究所

一九五二年一一月二五日、「朝鮮問題研究所」なる団体が開設された。所長は後に総連議長となる韓徳銖で、表立った活動もないまま休眠状態であったが、一九五七年二月二日唐突に朝鮮関係の研究活動家四七名が会同し、第一回の研究発表会を開催した。その成果として、三月一日付で研究史『朝鮮問題研究』を刊行し、その後も引き続き出版活動がなされていった。有名無実化していた朝鮮問題研究所がにわかに活発になったのには訳がある。

前年の一九五六年一二月一七日、東京の浅草の同和ビルに関東各県からの代表約三〇名が参加して、「朝鮮研究所」の創立発会式が行われた。創立計画を推し進めたのが、総連結成に伴い「後覚派」として宗派扱いされた旧民対幹部の李浩然《イホヨン》らであった。研究所設立の目的は在日朝鮮人を取り巻く本国や日本の諸事情を研究するもので、中心人物は李浩然、曺喜俊《チョヒジュン》、盧在浩《ノヂェホ》、金容太《キムヨンデ》、安興《アンフン》甲《カプ》ら旧民対派で占められ、文東建や後に総連を追われる著名な歴史学者の朴慶植《パクキョンシク》も評議員代表委員として名を連ねていた。機関紙は『朝鮮月報』で毎月発行され、北朝鮮・総連の枠内にとどまらない様々な学問的探求がなされていた。

「朝鮮研究所」は一九五七年の第一回研究会において、「ハンガリー動乱」等についての討議を行った。「ハンガリー動乱」とは、ソ連の内政干渉に対してハンガリーの人民が蜂起し、それをソ連軍が武力で鎮圧するという社会主義国における内乱であった。これを総連内の一組織が討議することなど、絶対的権威を有していたソ連に対する挑戦に他ならず、総連指導部としては看過できない事態であった。また、「朝鮮研究所」は所則において、「理事長一名と副理事長二名の役員をおく」としていたが、その選出方法は「評議会で選ばれた理事が、理事会で互選する」というものであった。これは、幹部選任は「議長の専権事項」とする総連内の取り決めから逸脱する「民主的」手法であり、総連の「中央集権的民主集中制」とは相容れないものであった。

こうした独自方針で運営する「朝鮮研究所」は、総連指導部とは異質の旧民対派の牙城となりうるものであり、宗派狩りをモットーにしていた韓徳銖にとっては目の上のたんこぶとなっていた。

さらに「朝鮮研究所」は、総連とは別ルートで北朝鮮と学術的パイプを有することになり、「共和国科学院」と書籍交換などを行うようになった。これも「北朝鮮の指導を受ける唯一の在日組織は総連である」という「本家」を差し置く行為に他ならず、もはや総連指導部はこれ以上「朝鮮研究所」の動向を放置できない状況に追い込まれた。そして韓徳銖は「朝鮮研究所」に対抗する策として、休眠中の「朝鮮問題研究所」を再度立ち上げたのであった。

こうして韓徳銖は、「総連内部に二つの研究所が並立していることは問題である」として、両者の統合を総連第八回中央委員会で決定した。その後両派の幹部が約一〇回にわたって協議し、難航の末一九五七年八月二四日、旧民対派の主張した代表委員制がそのまま通り統合が決定、総連第一一回中央委員会で承認された。代表委員には総連主流派から韓徳銖とその腹心である李心喆《イシンチョル》、旧民対派からは李浩然、盧在浩、文東建が選ばれた。数の上からは旧民対派の勝利となり、一〇月二〇日「朝鮮研究所」は閉鎖、「朝鮮問題研究所」に一本化された。統合に際して、旧「朝鮮研究所」構成員からは、「総連中央常任委の公正な斡旋のもとに民主主義的方法によること」「統合された研究所の集団的運営とその責任者にはこの事業に選任しうる有能な人士を民主的な方法で選出すること」が主張されたが、これらの要求はすべて反故にされた。「朝鮮問題研究所」は内部資料において、「総連組織に反対する非組織的策動の拠点、思想的には右傾機会主義（現代修正主義）潮流を宣布する拠点となっていた『朝鮮研究所』との闘争を展開し、これを総連の決定によって解散し、本研究所に統合した」として一方的な勝利を宣言した。

「朝鮮問題研究所」は、旧「朝鮮研究所」の研究誌『朝鮮月報』を『月刊朝鮮資料』に改題した。

そして発行人には、後に韓の後継者と自認する金炳植を据えることで実権を握った。金炳植は旧民対派幹部を次々と「朝鮮問題研究所」から追放することで、それまでの在日朝鮮人や国際情勢を幅広く研究する論調を一掃し、北朝鮮を無条件で礼賛し韓国を徹底排撃する記事ばかりを掲載していったのである。

朝鮮問題研究所の謀略

韓徳銖－金炳植体制の私物と化した「朝鮮問題研究所」は、一九七〇年代にかけて非合法な謀略活動に手を染めていく。金炳植は総連内の自らの反対者に対しては、暴力的な恫喝を加えることで次々と粛清していった。その尖兵となったのが、前述した金炳植直属の「ふくろう部隊」であった。部隊の訓練所は当時池袋にあり、空手の有段者が日夜訓練を行っていた。そしてその中でも優秀な人材は金炳植に抜擢され、対南工作員として韓国に派遣されるようになる。

その訓練隊長が、表向き「朝鮮問題研究所」に所属していた高大基《コデギ》であった。彼は都内の西五反田に一九七一年設立された「ユニバーストレーディング」というダミー会社を基盤に、対韓国スパイ活動と軍事情報収集活動を展開した。「予科練崩れ」という過去を持つ高は、情報収集に秀で、自衛隊にも「協力者」を確保していた。

「ユニバーストレーディング」においては、北朝鮮の女スパイが暗躍し、高大基と主導権争いを演じ、高の日本人妻を殺害するという事件を起こす。高大基と女スパイはそれぞれ北に逃亡し、その後高は強制収容所送りにされたという。さらに「ユニバーストレーディング」には、「よど号」ハイジャック事件で一九八八年逮捕された柴田泰弘が関わりを見せる。柴田は同年のソウル・オリンピック阻止目的で、北朝鮮から日本へ偽造パスポートで入国した。その偽造パスポートの持ち主の身内に当たる人物が、「ユニバーストレーディング」に勤務していたのである。

「朝鮮問題研究所」に吸収・合併された「朝鮮研究所」は、その活動期間中、「真面目に」朝鮮半島と日本の諸問題について学術的に論じていた。執筆者は、後に総連を追われることになる在日の著名な研究者や文化人が名を連ねていた。「朝鮮研究所」の代表委員として設立に尽力した文東建にとって、スパイ行為と謀略事件によってその名を汚した金炳植は、許すことのできない存在であったであろう。

帰国事業と韓徳銖の実権掌握

「朝鮮問題研究所」の問題はそれだけにとどまらず、その背後にある旧民対派と韓徳銖らの「民族派」の根深い対立が、総連の路線闘争に火をつけたのである。それが決着するのは、北朝鮮への帰国事業以降で、総連内の権力闘争に勝利したのは韓徳銖であった。韓の勝因は、あの「北朝鮮帰国事業」であった。そもそも在日朝鮮人の北朝鮮への帰国運動が開始されたのは、総連川崎支部中留分会からであった。帰国運動は一九五八年八月、中留分会に居住する在日朝鮮人が集会を開き、「日本での苦しい生活を清算して、北の祖国へ集団帰国する」との決議がなされ、北朝鮮へ手紙を送ったことから始まった。この総連川崎支部は、韓徳銖の出身母体で、まさに「お膝元」であった。そして紆余曲折はありつつも、翌一九五九年一二月、北朝鮮への帰国船第一便が新潟港を出港することになる。

ここで指摘せねばならないのは、「北への帰国事業」が在日朝鮮人の「自主的な熱意」から生じたものではないということである。朝鮮戦争の戦禍により北朝鮮の工場や輸送設備は破壊しつくされ、経済は疲弊した。また成人男子の多くが戦場へと駆り出された結果、極端な労働力不足が深刻となった。そうした困窮を打開するため、新たな労働人口やインフラ整備が必要となったわけであるが、そのターゲットが在日朝鮮人の人的・物的な「資産」であった。

しかし戦後日本に居住して一五年が経過し、定住化していく在日朝鮮人を北朝鮮へと帰国させることは容易ではなかった。そのため北朝鮮が帰国して生活するに値する証が必要とされ、その謳い文句となったのが、「地上の楽園」であった。「北朝鮮には税金もない。医療費もただである。希望すればソ連にも留学できる」といった甘言で、総連は総力を持って在日朝鮮人に訴えかけ帰国熱をあおった。その結果、一九六〇年から六二年の二年間だけで七万人もの在日朝鮮人と日本人配偶者が北へと渡っていった。その後、北へと帰国した人々の多くが、悲惨な暮らしを余儀なくされたのは言うまでもない。すべては北朝鮮と韓徳銖の企図したことが狙い通りに成功し、その結果、韓は総連内での地位を絶対的なものとした。また日朝間の帰国協定では、帰国者一人当たりが持ち帰ることのできる通貨は四万五千円相当の英ポンドに制限されていた。そのため帰国する資産家や実業家は、現金、不動産を総連に預ける形で日本を後にした。その帰国者の財産を総連はそのまま「寄付」として接収し、韓徳銖の財政基盤として活用するのである。そうして韓徳銖は帰国事業の「成果」である金力と名声でもって議長として権力を掌握し、旧民対派を追放、反対勢力を北朝鮮へ「送還」という名の追放を強いるのである。

こうした状況に危機感を持ったのが、文東建である。文は旧民対派と行動を共にしたことから、韓徳銖からは「宗派分子」として見られてもおかしくはなかった。しかも文は、朝連とは敵対していた建青の元兵庫県本部委員長であり、総連内での扱いは「外様」あるいは「動揺分子」として、いつ組織を裏切るか分からない存在として見られていた。

文東建が総連社会で生き残る道は、ひたすら金日成と韓徳銖に従順で、政治的には決して表に出ないことであった。そしてそれを戒めとして終生守り続けることを誓ったことであろう。文東建の総連での活動は、朝鮮画報社長を除いて全くと言っていいほど目立たなくなり、表立った活動からは一線を引くことになる。

しかし文東建ほどの大物を、時代が隠遁させることはなく、その後も陰に陽に彼の影はいたるところに出没するようになる。

第二節――頓挫した北朝鮮との合弁事業

北朝鮮の在日商工人への対応

一九五八年、総連の第四回全体大会が行われた。そこで総連発足当初七人であったそれまでの議長団制から議長はただ一人、副議長は三人体制という指導体制の転換が行われた。それまでは曲がりなりにも総連は集団指導体制であったのであるが、この大会以降は韓徳銖の独裁体制が確立されていく。韓はこれを契機に身内での権力固めに腐心し、従妹婿の金炳植を要職に抜擢していった。そして金炳植は韓徳銖の後ろ盾のもと、出世街道をひた走り、ついには一九七一年にナンバー・ツーの「筆頭副議長」を自称するようになる。金は組織内での反対勢力を粛清、または北朝鮮へ送還することで排除し、韓－金体制をより強固なものとしていった。しかしその過程において、自らの息のかかった暴力組織（通称「ふくろう部隊」）を動員して、強権的・独善的に自らの基盤固めを行ったため、かえって反発を招いた。その果てに金炳植は韓徳銖に対しても猜疑心を招き、自宅を盗聴するなど常軌を逸した行動を取るようになった。それが韓徳銖の怒りを買い、一九七二年に南北赤十字会談の北側代表という資格で、北朝鮮に帰国したまま失脚するという事態となった。こうした一連の動きは、「金炳植事件」と呼ばれるようになる。

一九七三年六月一日、金日成が総連活動家に対する談話「総連活動家の課題について」（六・一教示）を行い、金炳植失脚後の総連活動の再点検を指示した。その中で、特に重点が置かれたのが、「中小商工業者を、革命的な商工業者にかえる運動」の展開であった。この背景には、七〇年代に入り「漢江の奇跡」と呼ばれた韓国の経済成長に比べて、北朝鮮の立ち遅れが表面化したことがあり、総連に在日商工業者を結集させ、不足する物資の補完を目的とする「愛国工場」の北朝鮮への献納を企図した。

六・一教示に先立って五月二六日に金日成は、在日商工人を代表して初めて北朝鮮を訪れた代表団と接見して、記念写真に応じた。そこで金日成は、「在日商工人は元来から資本家であったのではなく、生きていくためにガリガリと苦労した結果、商工人となったのです」「いまや在日商工人は、愛国的で進歩的です」と持ち上げ、商工人からの献金要請を匂わせた。

「在日本朝鮮人商工連合会（商工連）」は日本に帰ってくるや、早速金日成の指示通り、北朝鮮に利する経済活動に精力的に取り組んでいく。一九七三年七月、北朝鮮の万寿台《マンスデ》芸術団が公演のため日本を訪れた。この芸術団で主役を張った踊り子が、後に北朝鮮三代目の最高権力者となる金正《キムジョン》恩《ウン》の母親となる高英姫《コヨンヒ》であったのだが、商工連はチケット販売を取りまとめる大口カンパを提供した。また同時期に、「北朝鮮創建二五周年記念行事」が開催されたが、この事業に商工連は総力を挙げて後押しした。さらに同年に「在日朝鮮商工人生産品展示会」を開催すると同時に、商工人の各種税金問題の解決についても積極的に関わるようになる。そしてその集大成が北朝鮮の「愛国事業」であった。

一九七三年、金日成は「第二次在日同胞商工業者祖国訪問団」に対し、「全力を傾けて、祖国の社会主義建設に積極的に寄与すべき」と、「愛国事業」の推進を要求した。これを受けて、一九七五年以降に在日商工人出資による工場が、北朝鮮に建設されるようになった。当初は、年七％の利益配当を保障すると謳っていたが、結果的には反故にされ、祖国に捧げる「愛国工場」として北朝鮮に召し上げられてしまった。在日商工人の手元に残されたのはブリキ製の勲章のみであったが、特に巨額の資産を提供した商工人には、北朝鮮の地名に自身の名前が冠されるようになった。例えば総連直系の貿易会社・東海商事の会長で、北朝鮮の国会議員でもあった安商宅《アンサンテク》は、北朝鮮に多額の献金をした功績を認められ、平壌市内に「安商宅通り」と名付けられる道路が造られた。

文東建自身も「愛国事業」に乗り気であった。『統一評論』の一九七八年六月号に掲載された「在日商工人座談会　低成長時代をどう乗り切るか」で、文は次のように語っている。

「祖国には素晴らしい地下資源が豊富にある。日本なんかは、そういう資源を遠い南米やアフリカあたりから運んでいるわけだが、やがて互恵平等の立場で、それを朝鮮に大量に求めてくるときが必ず来るはずだ。そうなると、在日同胞商工人の役割というものが、また重要になってくるし、従来とは一歩すすんだ企業家としての資質が要求されてくる」

しかしこの時点では、文東建は「愛国事業」を純粋な視点でしか捉えておらず、その落とし穴に気づいてはいなかった。

一九七六年、文東建は新造貨物船を北に献納し、最高の名誉である金日成勲章を授与された。船の名前は「東建愛国号」と命名され、文東建は船に自分の名前が書いてあるのを見たとき、「首領様の熱い配慮に滂沱《ぼうだ》と涙した」と語っている。しかし七年後、その「東建号」が文東建を苦しめることになるとは、よもや考えもしなかったのである。

北朝鮮合弁事業の罠

一九七〇年代後半、総連の財政状況は危機的状態を迎えていた。総連自体、企業活動を行う法人ではなく、あくまでも任意団体であったため、多くの常勤・専従者を抱える組織運営には支障があった。そうした悪化する財政を肩代わりしていたのが、在日商工人であったのだが、不況によって肝心の本業が立ち行かなくなると、総連への財政支援もままならなくなった。

そうした総連の苦境は関連機関の運営にも及び、ほとんどすべての傘下団体が赤字経営に陥った。そのしわ寄せで朝銀も新規融資が困難となり、経営状態も芳しくなかった。そうした状況を見かねて金日成は、「総連がそんなに困っているのなら、祖国に漁船を持ってきて、魚を獲って日本に売ればよい」と指示を下した。こうした金日成直々のお達しに、総連だけでなく関連組織の朝鮮新報社や文東建の経営する朝鮮画報社が飛びついた。『朝鮮画報』はカラー刷りで北朝鮮の産業や文化、景勝地を紹介する月刊誌であったが、購買層は総連関係者や日本人の北朝鮮支持者に限られており、売上部数には限界があった。そのため制作費に比べて、購買者数は当然下回る赤字体質が慢性化していた。

こうして北朝鮮と総連との漁業における合弁事業は開始されたのであるが、北の閉鎖的な官僚体制が事業進展を妨げるネックとなった。日本で漁船を購入して北での操業を開始しようとした矢先、現地の漁業部門の関係者が難癖をつけて事業は暗礁に乗り上げてしまったのである。こうしたことから文東建は漁船操業事業から手を引き、総連本体のみが事業を継続したのであった。そして総連が操業する目的で専用の漁業倉庫が北朝鮮の清津に設けられ、総連本部から管理者も派遣された。しかし操業の実態は管理者を無視するかたちで行われ、月末になると現地の党幹部らがやって来て保管している魚を押収するといった有様で、事業は何ら利益を上げることなく破綻した。

こうした総連と北朝鮮との漁業における共同操業が、十数年後に姿を変えて文東建の一族に災いを及ぼすのである。

合弁事業の挫折

文東建は漁業以外にも、合弁事業で多大な損失を被った。通常、事業を行う際には、マーケティングなどの事前調査が必須となる。行き当たりばったりの経営方式では、行き詰まるのが目に見えているからである。特に実態が不明な北朝鮮との合弁事業には、リスクを伴うことから何にもまして現地調査が重要となってくる。しかし、北朝鮮は工業インフラの実情、すなわち電力や工業用水、道路、港湾設備のほか労働力の安定した確保などの情報を一切公表しなかった。あらゆる前提条件を廃して合弁事業に臨むよう、在日の商工人に指示したのである。

文東建は合弁事業として東南アジア市場を狙った絹織物事業に参入したのであるが、工業用水の確保で泣かされることになる。すなわち絹織物産業の場合には、まず繭から糸を取り出すために、きれいな水が必要になる。次に織り出したあとの染色のためにも、きれいな水が必要とされる。また絹は繭からできたタンパク質が主成分なために、異物である鉱物が溶け込んでいる水では使いものにならない。しかし北朝鮮の水は、工業用水には全く適さない代物であったことが後々に判明するのであるが、すべては後の祭りであった。加えて文東建が導入した絹織物プラントは、最先端のコンピューターシステムで制御されていたが、現地ではそれを稼動させる電力が安定して供給されなかった。その原因として、北朝鮮は一九五〇年の朝鮮戦争後、一貫して準戦時体制にあり、「全国土要塞化」方針のもと、空爆を避けるため送電線は地下に埋められていた。それが年月を経るうちに劣化・腐食し、漏電が激しくなり、軍需施設以外は電力供給が不十分になった。地下送電設備には高いコストと被覆技術のメンテナンスが必要であるのだが、北朝鮮の閉鎖体制では先進技術の導入は不可

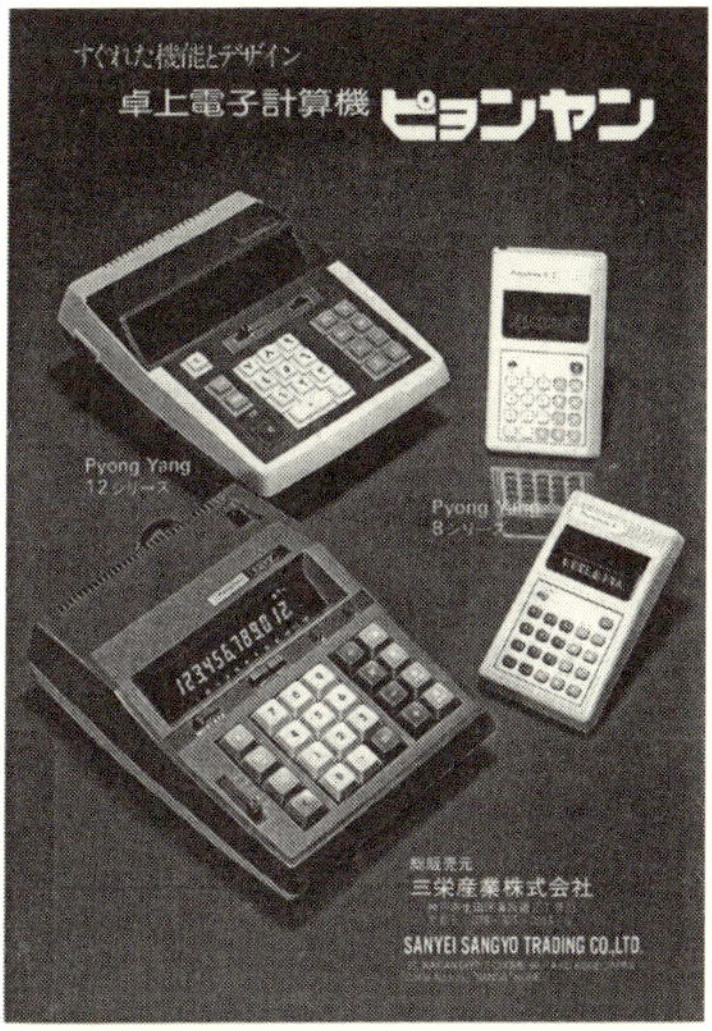

三栄産業株式会社の広告記事(3)
(『統一評論』1976年12月号)

能というものであった。

さらに北朝鮮は「党がすべてを決定する」ことが絶対視されていることから、現地での交渉は朝令暮改が常であった。ある地方のセメント工場の合弁事業においては、技術者や通訳が突然姿を消すことがままあった。後々判明するのであるが、在日の担当者から日本語の雑誌等を借りたことが原因で、「再教育」されたとのことであった。そうしたこともあって事業は遅々として進まず、さらに一旦契約にこぎつけても裏で複数の在日実業家を天秤にかけ、値段が安い方に鞍替えすることが頻繁に行われていた。そうした北朝鮮の「ウリ（我が国）式」合弁事業に在日商工人は愛想を尽かし、暗礁に乗り上げるのである。

北朝鮮の在日商工人への献金要請

一九八〇年代に入ると、北朝鮮と韓国の経済格差が明らかとなり、北はその挽回に追われた。そしてそれを手っ取り早く成し遂げる方策として、在日商工人からの献金を頻繁に要請するようになった。

それまで北朝鮮は建前上社会主義経済を掲げていた手前、資本家こそは金銭欲に取り憑かれた悪しきブルジョワジーとして「反革命的階層」とみなしていたが、自国の経済を振り返ると背に腹は変えられぬ状況にあった。

一九八四年五月二四日、総連結成三〇周年記念式典の席上、金日成の祝電が「マルスム（お言葉）」として読み上げられた。そこでは在日の商工人を「総連の基本群集」「愛国事業の主人」と持ち上げ、北朝鮮が在日経済を当て込んでいる姿勢が鮮明化されたのである。そして総連内においても商工人の役割が重要であるとして、一九八六年九月の総連第一四回全体大会で、文東建と焼肉のタレ「ジャン」で有名なさくらグループの総帥である全演植《チョンヨンシク》が「副議長」として抜擢されたのである。これまで文東建は経済面で総連と北朝鮮に大きく貢献し、それが総連ナンバー・ツーという肩書きで報われたのであった。

しかし「副議長」という役職の実態はほとんど名誉職に過ぎず、総連の運動方針にもほとんど関与させられることはなかった。しかし、総連の古参幹部からしてみれば、成り上がり者がカネで地位と勲章を買ったという妬みの対象となり、組織内に新たな火種を残すことになる。受勲した在日商工人の多くが通称名である日本名を使用し、活動の第一戦に立ったことはなく、古参幹部を飛び越えて金日成直々の「栄えある勲章」を授かったのだから面白いはずはない。

けれど文東建にしてみれば、どれだけ北と総連に貢献しようとも、出自は民団につながる建青という相変わらずの「外様」の扱いで、内部から積極的に評価されることはなかった。さらに文が血と汗でかき集めた資金で建設された総連所有の「朝鮮出版会館」は、後に巻き起こった不正融資疑惑で厳しい目に晒されることになる。

朝鮮出版会館をめぐる不正融資疑惑

朝鮮出版会館は東京都文京区にあり、文東建が総連系のマスコミ事業体である「朝鮮通信社」「九月書房」「時代社」等数社に出資を呼びかけ、建設された。その後、出版関係だけでなく、在日本朝鮮青年同盟（朝青）や在日本朝鮮女性同盟等の総連傘下の団体も入居するようになった。

朝鮮出版会館の担保価値は約三〇億円と評価され、建物の権利書は出資した団体で構成される「朝鮮出版協同組合」で管理された。文東建は、腹心の朝鮮画報社副社長を協同組合の責任者に任じ、建物の権利書や実印等を管理させた。

総連は、この朝鮮出版会館に対しても触手を伸ばし、会館ビルを担保として巨額資金の借り入れを画策した。総連は、副社長に対して権利書の借用を要求したのであるが、この話を聞いた文東建は拒絶したとされる。しかし、文の死後と前後して、副社長は権利書を持ち出し、行方をくらませた。

それから数年後の一九九〇年、朝鮮出版会館の土地と建物を担保として、朝銀東京信用組合が総連の財政副局長なる人物・個人に対し、一七億三千万円の巨額融資を行っていたことが明らかとなった。さらにこの出版会館には、別に朝銀大阪信組と朝銀神奈川信組が、合わせて六五億円の融資を実施していた。しかもその融資先というのが、幽霊カンパニーやペーパー会社という疑惑が明るみとなった。

担保価値をはるかに超える乱脈融資が問題であることは当然であるが、疑惑の矛先は資金がどこに流出したのかであった。一説には、総額八二億三千万円が、北朝鮮に送金されたとされるが、いずれにしてもこのような常軌を逸した資金の貸し出しが朝銀の命脈を止めたと言える。文東建の報われない献身は、こうした不正の金によって翻弄されるのである。

第三節――ラングーン・テロ事件と「東建愛国号」

ビルマ、ラングーン・テロ事件

韓国では一九八〇年五月、国軍保安司令官であった全斗煥《チョンドゥファン》が全羅《チョルラ》南道《ナムド》光州《クァンジュ》市で起こった学生・市民の民主化要求デモに、空挺部隊を出動させ銃剣で無差別虐殺するという事態を引き起こした。「光州事件」である。全斗煥は事件の背後に民主化運動のリーダーであった金大中《キムデジュン》がいたとして、内乱陰謀の罪で金を軍事裁判にかけ、自らは朴正熙《パクチョンヒ》元大統領の遺志を引き継ぐとして大統領に就任した。その後、全斗煥は強権政治で国内反対勢力を弾圧したことから、北朝鮮は何ら正当性のない独裁政権であるとして全の暗殺を図ろうとした。

一九八三年一〇月九日、全斗煥一行はビルマ（現：ミャンマー）の首都ラングーン（現：ヤンゴン）を訪問した。全は現在ミャンマーで民主化運動の先頭に立つ野党の指導者、アウンサウン・スーチーの父であるアウンサウン将軍の廟に花束を捧げようとしていたが、予定が狂い到着が遅れた。全に先立ち閣僚が廟に着くと、鎮魂のためのラッパが鳴り出した。廟を遠方から見張っていた北朝鮮工作員は、それを全斗煥が到着したと勘違いし、廟の屋根に仕掛けてあった爆弾を爆発させた。この爆発によって閣僚四人を含む韓国高官一七人が死亡し、ビルマ側にも三人の死者が出るという大惨事となった。全斗煥夫妻は間一髪のところで難を逃れ、韓国政府は直ちに北朝鮮のテロ行為であるとの非難声明を発表した。ビルマ政府は犯人二人を逮捕し、北朝鮮から派遣された軍人による犯行であると発表した。そしてビルマは北朝鮮と国交を断交すると通告し、対して北は事件とは無関係であるとの立場を表明した。

事件発生後、ビルマと韓国の当局が捜査状況について発表すると、とんでもない事実が明らかとなった。文東建の過去の行いが、この事件に深く関与するのである。

工作船「東建号」

ラングーン事件が起こる半月前の一九八三年九月末、北朝鮮の貨客船「東建号」がラングーンの港に寄港した。この「東建号」こそが、一九七六年に文東建が金日成生誕六五周年を祝賀して北朝鮮に寄贈した貨物船なのであり、文はこの功績により金日成から直接、北朝鮮最高勲章の一つである金日成勲章を授与されたた。「東建号」は、北朝鮮の「テーフン船舶会社」の発注となっているが、実質、文が総工費一一億三千万円をかき集め、高知市の造船所で建造がなされた。

文東建は「東建号」以前にも一九七一年五月、北朝鮮に初代「万景峰号」を寄贈している。「万景峰号」建造のいきさつは、一九五九年からの帰国事業が六七年で中断し、その後に北朝鮮と総連による猛烈な事業再開運動が行われたことによる。一九七〇年に入ると、日・朝両赤十字による折衝が持たれ、一九七一年八月に帰国事業の再開が決定した。

金日成は「再開した帰国事業は第一次のようなソ連の船を借りて行うのでなく、北朝鮮の船によって行わねばならない」という直々の「お達し」を総連に指示した。これに応えたのが文東建であり、日本の中古船を改造することで、乗員数一〇〇人弱の五千トン級小型貨客船である初代「万景峰号」を完成させたのであった。初代「万景峰号」は、一九七四年の朴正熙大統領狙撃事件の犯人、文世光《ムンセグァン》が北朝鮮からの指令を受けた場所として明るみになっている。よくよく文東建の寄贈した船は、北朝鮮の謀略に使われる運命にあることは皮肉としか言いようがない。

「東建号」は高性能無線装備と機関砲、小銃、手りゅう弾などを積載し、船員の数よりも多くの工作要員が乗船していた。そして世界各国の左翼ゲリラに武器を供与し、テロの手口を指南していたという。

北朝鮮は「東建号」を、ビルマに「陶磁器工場建設装備九〇〇トンを運搬する」との目的で、九月一七日から二四日までラングーン港に停泊させた。その後、「東建号」は全斗煥がビルマを訪問する前に出港し、九月二六日から一〇月六日までスリランカのコロンボに寄港した。そして北朝鮮は事件発生三日前の一〇月六日にラングーン港再入港を申請したが、ビルマ側は全斗煥来訪を考慮して、一〇月一五日以降での入港なら許可すると通告した。結果的に、これが犯人逃走の失敗につながったといえる。

ビルマ再入港を拒否された「東建号」にはさらなる誤算が生じた。スリランカ政府は全斗煥のビルマに続くスリランカ来訪を前にして、「東建号」に退去命令を発したのである。それを受けて「東建号」はコロンボを出港せざるをえなかった。その後のマスコミ報道では、「東建号」の乗員二十数人が全大統領のスリランカ国内の訪問予定地を調べていたとのことであった。このことから北朝鮮は、ビルマでの失敗に備えて、第二、第三の暗殺計画を練っていたと考えられる。

工作員によるテロ作戦

ラングーン・テロの計画・実行は、金正日《キムジョンイル》直属の情報機関で誘拐・暗殺などを担当する偵察部が担当した。工作員三人のうちの一人のカン大尉は、開城地区特殊工作部隊の所属であった。

工作員の供述によると、彼らは一九八三年九月九日に北朝鮮のオンジン港から「東建号」で出港した。そして九月一六日にラングーン港外に到着、一七日から二一日まで港内に停泊した後、二四日まで港外にとどまっていた。その間、工作員は「東建号」の船内で上陸の機会をうかがっていた。しかしビルマ政府は歴代鎖国政策が基本であり、ラングーン港が唯一外国船の寄航を認めていた国際港であった。そのため通関も出入国も厳重に管理されており、船員の一時上陸もままならなかった。厳しい上陸監視の目を潜り抜けるため、北朝鮮はスパイ映画さながらの工作活動を展開した。九月二一日、ラングーン港出港期限の二四日を前にして、「東建号」はエンジン故障を理由に二八日までの停泊延長をビルマ政府に再三申し入れた。その際、次の寄港地はエジプトのアレキサンドリアであると伝えたが、実際はスリランカであった。

結局、二四日までの期限付きで河口での停泊が認められ、その期間に工作員が密入国したのである。その手口は、飲料水の補給を口実に船員が上陸した際、実行グループがまぎれ混んで上陸を果たしたというもので、そのままラングーン市内の北朝鮮大使館にかくまわれた。ビルマの北朝鮮大使館は現地での雇用職員を一人も採用しない、オール北朝鮮の派遣で占められるほど秘密主義に徹していたことから、工作員の入国はビルマ政府にも探知されることはなかった。

そうして爆弾設置の工程に入るのであるが、工作員は夜陰に乗じて韓国警備員を装いながらアウンサウン廟に近づいた。廟の夜間の警備は構内に住む管理人一家だけで担当しており、警備体制は手薄となっていた。工作員は全斗煥大統領の警護員と称して管理人に一万チャット（約三〇万円）のチップを渡し、事前調査としてはしごを借り受け、まんまと廟の屋根裏に爆弾を仕掛けることに成功した。

爆弾は対人殺傷用爆弾二発と発火性爆弾一発の計三発で、北朝鮮が一九六九年に開発、対人殺傷用は内部に直径五ミリのボールベアリング七〇〇個が埋め込まれ、遠隔操作受信用の回路盤、マグネット、蓄電器などで作られていた。発火性爆弾は対戦車弾頭タイプの本格的な戦闘使用であった。工作員は犯行後、一〇月一二日に北朝鮮の船が迎えに来て脱出する手筈となっていたが、その前に逮捕されてしまう。

こうした北朝鮮の外交特権を逆手に取ったテロ実行に対して、ビルマ政府は激怒した。そして重大な背信行為であるとして、当初の断交を通り越して国家承認そのものを取り消すといった、国際間の取り決めにおいては異例とも言うべき強硬姿勢を取るに至った。またビルマ政府のこうした対応の裏には、事件に関与した北朝鮮大使館を早急に閉鎖して館員を追放し、犯人の身柄の安全確保と裁判の無事進行を図る必要があったとされる。

事件は早くから北朝鮮が関与したと発表されたが、その背景には実行犯カン・ミョンチョルの自供が挙げられる。当初、犯人は「自分たちはソウルの大学生である」と主張したが、一〇月末からの本格的な尋問には、あっさりと北朝鮮から派遣されたテロ工作員と認めるに至った。このいきさつには韓国に護送されても、北朝鮮に送還されても結局は死刑となる一方、ビルマでは死刑判決を受けても仏教国という立場から現実には刑は執行されることはないという思惑があった。そのため犯人達は、素直に取り調べに応じ犯行を認めたと思われる。しかし事件から二カ月後の一二月九日、ラングーン地裁特別法廷は被告らに死刑を宣告、翌年の二月に被告の一人は処刑され、自供したカン・ミョンチョルは罪一等を減じられ、無期懲役となったとされる。

ラングーン・テロ事件の不可解な闇

ラングーン・テロ事件は、裁判過程を通じて北朝鮮の犯行と断定されたのであるが、北朝鮮側は今日に至るまで事件との関与を否定し続けている。北朝鮮が頑なに否定する論拠として、裁判過程で明らかとなった不自然な点が挙げられる。北朝鮮の犯行の決め手とされたのが、実行犯カン・

ミョンチョルの自白のみで、裁判では北朝鮮の犯行を裏付ける証拠の審理はほとんどなされなかった。

第一にカン・ミョンチョルら犯人がビルマに入港した際であるが、カン自身裁判で自分が乗ってきた船について「夜乗船して下船も夜であったため、船舶名は知らない」と証言している。これは明らかに不可解で、テロ実行者が自分の乗ってきた船の名前を知らなかったというのは道理に合わない。

第二に、裁判で証言したラングーン港の港湾警察官は、「事件前『トンゴン号』から船員の出入りがあり、都合三人が船に戻っていなかった」と語った。しかし彼はこの「重要な」事実を上司に報告しておらず、その理由として「自分の仕事は荷物を監視することで、不明者については管轄外である」と答えた。しかし、これも理解しがたい話である。当時のビルマは北朝鮮に匹敵するほどの閉鎖国家であり、一般にビルマ人が見知らぬ外国人と接触すれば、直ちに反政府謀議とみなされていた。それほど外国人の動向に神経を尖らせている社会にあって、北朝鮮からの船員が行方不明という事態を見過ごすはずがない。結局のところ、実行犯の入国に関しては、裁判で触れずじまいで不問にされてしまった。

第三に、実行犯が韓国の警備員を装い、事前調査と称してはしごを借りて謝礼を渡したという話も信憑性が欠ける。そうであるならば、実行犯はビルマ語が話せたことになるのであるが、実際はそうではなかった。しかも、ビルマの英雄を埋葬しているアウンサウン廟の管理人たるものが、外国人においそれとはしごを貸し、さらには裏金を受け取ることなど奇妙極まりない。

さらに、公式行事では慣例の李順子《イスンジャ》大統領夫人も、当初から出席が見送られていたのは不可思議で、何よりもビルマ側の死者が韓国人側の一七人に対して三人と少なすぎるのが気に掛かる。当日、ビルマ政府の実力者は出席しないことが決められていたというのであるが、ビルマ政府はあたかもテロを予見していたかのような立場である。

いずれにしても、真相が十分明らかにされないまま、北朝鮮はテロ国家として国際的に断罪されたのである。

ラングーン・テロ事件の余波

ラングーン・テロ事件から一カ月あまりの一九八三年一一月一八日、東京都千代田区富士見の総連中央本部に男二人が侵入、短銃一〇発を乱射するという襲撃事件が発生した。怪我人はいなかったが、窓ガラスが数枚割られるという被害に見舞われた。

テロ事件後、総連には「天誅を加える」などといった脅迫文や電話が寄せられ、一八日当日にも「北鮮粛清会」なる団体から「最高責任者に天誅を加える」という内容の脅迫状が届けられていた。

事件の際犯人が乗りつけたレンタカーから、借主は神戸在住の暴力団構成員と判明し、この構成員はこの時期右翼団体と関係を持ち街頭宣伝活動を活発に行っていたという。

この襲撃事件に対し総連の白宗元《ペクチョンウォン》副議長は次のような談話を発表した。

「法治国家、平和国家といわれている日本の首都・東京で、白昼公然とこのような狂気めいた襲撃を受けたのは驚くべきこと」

こうした発言から、後日明らかとなった北朝鮮による日本人拉致事件に際しても、最後まで「北と総連は無関係」と言い続けていた総連の無責任な体質の萌芽がすでに見られている。

ラングーン・テロ事件の報道では、「東建号」が工作員を送り出した船であるとして、船を寄贈した文東建について連日メディアが関連記事を掲載した。その中には、あからさまに文東建を誹謗・中傷する記事もあり、文はここに至って反撃に打って出た。一一月二一日、『週刊朝日』に掲載された記事で名誉を傷つけられたとして、発行元の朝日新聞社を相手取り、民法七二三条などに基づいて、大手新聞各紙と『週刊朝日』への謝罪広告掲載、慰謝料一千万円を求める訴えを神戸地裁に起こした。

訴状によると、『週刊朝日』一九八三年一一月四日号に掲載された「ラングーン爆殺テロの工作船と疑われる日本製の北朝鮮貨物船の寄贈主の在日朝鮮人」と題するグラビアで、ビルマ・ラングーンの韓国閣僚爆殺事件が北朝鮮の仕業であるとの内容であった。そして北朝鮮の貨物船「東建号」が利用され、「東建号」が文東建の寄贈によるもので、文が同事件に関わる不穏な在日朝鮮人であることを強く印象づける記事になっていた。しかし訴状では、文は「東建号」とは何ら関わりがなく、名誉、信用が傷つけられたと訴えた。

原告代理人の弁護士からは、「ラングーン事件が北朝鮮の仕業だったかどうかはともかくとして、記事全体の中で文東建がこの事件に関わる不審な在日朝鮮人として扱われているのは事実に反している。新聞社が調べれば、簡単にわかることだ」との意見表明がなされた。

これに対して『週刊朝日』の編集長は、「あの記事は、ラングーンのテロ事件に関連したとされる『東建号』が日本で建造されたもので、寄贈者と目されているのが文東建であることを報道したものである。文を不審な人物であるよう印象づける意図は全くない」と話し、全面的に争う姿勢を見せた。

裁判は結局、文東建が一九八七年に死去したことから、決着がつかないまま幕引きとなった。

第四節――グリコ・森永事件でのフレーム・アップ

グリコ・森永事件の報道余波

「グリコ・森永事件」は発生から三〇年近く経ち、犯人逮捕がなされないまま時効を迎えたことから、未解決事件として現在においても様々な憶測を含めて語り継がれている。劇場型犯罪の走りとして世間の耳目を集めたが、何よりも警察が犯人像を絞り込めなかったことが事件の謎をより深めることになった。事件の容疑者として企業を恫喝する総会屋や暴力団、被差別部落出身者や在日韓国・朝鮮人が取り沙汰されたが、どれも決め手に欠き、結局のところ時効を迎えて迷宮入りとなった。

簡単にグリコ・森永事件をおさらいすると、一九八四年三月一八日夜、当時グリコ社長であった江崎勝久が、兵庫県西宮市の自宅で入浴中に突然裸のまま拉致・誘拐された。その後犯人側から身代金現金一〇億円とともに金塊一〇〇キロが要求されたが、警察の動向を探知した犯人は直接グリコ本社と接触することはなかった。数日後、江崎社長は高槻市内の水防倉庫から釈放され、自力で警察署に駆け込んだ。事件はこれで終わるかに見えたが、犯人側は大阪市のグリコ本社を放火、グリコ以外に森永を始めとする食品関連企業を恐喝し続けた。さらには店頭に販売されているチョコレートに青酸カリを混入するという、消費者を人質に取る無差別殺人を狙った卑劣な犯罪を計画的に行った。一九八五年八月、滋賀県警本部長が犯人を取り逃がした責任を取る形で自殺したことを契機に、犯人グループは一方的に事件終息を宣言し、ぷっつりと足跡を消してしまう。

闇に消えた犯人として、その後の足取りを追った数々の出版物が登場したが、犯人に迫る核心には至っていない。執拗な犯人探しをするマスコミの取材過程において、頻繁に名前が登場したのが、「北朝鮮工作員」として取り上げられた、芦屋市在住の在日朝鮮人実業家Aであった。文脈からすると、それが文東建を指していることは、事情を知っている人間ならば簡単に分かってしまうのであるのだが、なぜ文が「犯人グループの首班」とされねばならなかったのか、探ってみることにする。

グリコ・森永事件に関する文東建の記事が出たのは、事件発生から一三年が経過した一九九七年七月四日付の『産経新聞』一面が最初であった。見出しは、「グリコ・森永事件『キツネ目の男』

特定していた『北』工作員グループの犯行　捜査関係者が確信」というものであった。記事の内容を要約すると、以下の通りとなる。

捜査当局が注目したのは、兵庫県芦屋市の会社社長（一九八七年死去）を中心としたグループで、八八年暮れから内偵捜査を本格化させた。事件が起こった当時、社長が経営する貿易会社は金正日書記の要請を受け、北朝鮮の鉱山開発に多額の資金を出資した。

しかし計画は頓挫して、出資者から突き上げをくらっていた。ところがある日突然「北朝鮮で発掘された」と会社社長が出資者に金塊を見せたというのである。さらに周辺グループの考古学者が江崎社長を恨んで激しい発言をくりかえしていることや、書きなぐった文章が「かいじん二一面相」の文章に似ていること、ごく親しい人物にキツネ目の男にそっくりの男がいたことを警察が割り出していたとのことである。

事件と文東建の関連について、当時の報道記事を参考に検証してみる。事件の発端は、当局が東京の五反田にあった「ユニバース・トレーディング・カンパニー」という会社を捜査していたことから始まる。この会社は、総連ナンバー・ツーであった金炳植が発起人となり、中国と専門に貿易を行っていたとされるが、その実態は北朝鮮の諜報機関であった。この会社は一九七八年に解散したが、会社の出入していた人間をたどっていくと、文東建と関係があったことが明らかになったとのことである。また、「ユニバース・トレーディング・カンパニー」は、一九七一年の「よど号ハイジャック事件」で北朝鮮に亡命し、その後日本に帰国、逮捕された柴田泰弘とも関連があるとして、捜査当局が以前から注目していた。

こうした情報は、ほとんどが兵庫県警から提供されたもので、実際に「キツネ目の男」を目撃した大阪府警捜査員が確認したところ、身長や顔の骨格からして該当者ではないことが結論づけられた。また考古学者とグリコを脅迫した男の声紋を比較したところ、これも一致することはなかった。さらに文東建が事件と何ら関わりがない決定的な証拠として、「北朝鮮の鉱山開発」に文は全く関与していないという揺るぎない事実がそれを裏付けている。

にもかかわらず、『産経新聞』が「スクープもどき」で記事を掲載した理由は、多分に北朝鮮に対する誹謗・中傷キャンペーンの一環と考えられる。記事が掲載された一九九七年七月は、自民党・社会党・新党さきがけの三党による北朝鮮へのコメ支援が具体化しつつあった時期と重なる。こうした動きをけん制する自民党内の保守派がグリコ・森永事件と文東建らを結びつけることで、事件と北朝鮮や総連があたかも関連があったような憶測を生じさせ、コメ支援反対の世論を形成しようと画策したと考えられる。

反北朝鮮世論形成のスケープゴート

事件を真面目に検証すれば、文東建とグリコ・森永事件が結びつくはずのないことは一目瞭然である。第一に、文には事件を起こす動機がない。金塊一〇〇キロといっても当時のレートで換算すれば二億円強に過ぎず、その程度の金欲しさにリスクを犯す理由は全くない。文東建は、北朝鮮にその何倍もの金額を送金したのである。またこの時期、文は健康面で不安を抱え、一九八七年には死去していることから、体調面でも犯罪行為を行う余力はなかったはずである。第二に、確かに江崎社長が誘拐されたのは兵庫県西宮市の自宅であったが、それ以外事件の舞台となったのは、ほとんどが大阪府内であり、文やその周辺の人物に土地勘があったとは考えられない。さらに文東建は事件から二年後、持てる力を振り絞って、神戸で「高句麗文化展」を開催した。文の財力や幅広い人脈なしには成功しなかったであろうが、当然警察もこうした文の活動を把握していたであろう。神戸市長が直々に文東建に感謝の意を伝えたほど、文は在日朝鮮人社会だけでなく、神戸市の経済・文化活動に貢献した名士であった。そんな人物を本気で犯罪者と考えるほど、警察は捜査に行き詰っていたのかと逆に勘ぐりたくなる。

生前の文東建と兵庫県の朝鮮商工会で親交のあった人物は、文のことをこう語っている。「文東建氏のことはよく知っています。朝銀の創設者でもあり、肝臓癌で亡くなる前まで兵庫の在日朝鮮人商工会の副会長として活躍していました。貸しビル、パチンコ店、ビジネスホテル、ボウリング場などを手広く経営する実業家で、人格的にも古きよき時代の総連の活動家であろうとする情熱を持った立派な人でした。金日成に極めて近い存在で、政治家を含め多くの人びとと交流のあった尊敬すべき人物です」

ここで語られている「金日成と極めて近い」という一言が、文東建のすべてを物語っている。「金日成と近い」ことが警察・公安にとって大きな関心となり、またそれが総連内部での文東建に対する嫉妬につながっていく。グリコ・森永事件の後、文が副議長を務めた総連は次のような談話を発表した。

「事件と総連関係者が関係したとの報道は、全くの事実無根。デッチ上げ以外のなにものでもない。抗議するつもりもないし、コメントすること自体があほらしい」

この発言の中からは、総連組織を防衛する意図はあっても、報道被害に遭った文東建に対する配慮は、微塵も感じることができない。

第五節――追いつめられた漁業貿易事業

サケ・マス漁船だ捕事件

一九七〇年代以降、オホーツク海周辺における海域での漁猟においては、ソ連と北朝鮮、日本がそれぞれ二〇〇カイリの経済水域をめぐって対立し、日本漁船のだ捕や銃撃事件が相次いだ。一九八〇年代後半になると経済水域のみならず、サケ・マス資源保護論やソ連のペレストロイカによる北朝鮮との関係冷却により問題がさらに複雑となっていた。そうした時期に、日本の漁船を偽装した北朝鮮船籍がソ連によってだ捕されるという複雑怪奇な事件が発生した。さらにこの事件には、文東建と彼の一族が関わるという予想し難い展開が待ち受けているのであった。

だ捕事件二カ月前

一九九〇年五月九日、釧路港に二隻の漁船がサケ・マス漁目的で、北太平洋上に出港するために待機していた。漁船の船体には、「第五八宝有丸」と「第六八大和丸」と船名が横書きされていた。しかし出港後この二隻は北朝鮮の興南《フンナム》へと向かい、そこで北朝鮮船籍の「ウォンヤン一一号」、「同一二号」と名を変えるのである。さらに操舵室の前には赤いペンキで、「敬愛する金日成同志を首班とする党中央委員会を死守しよう」とする北朝鮮お手盛りのハングルで書かれたスローガンで擬装するという念の入れようであった。ここまで手の込んだ漁船の改修工作の目的は、日本と北朝鮮の漁業関係者による「共同操業」に他ならなかった。

北朝鮮は一九八七年一二月に再締結された日朝民間漁業暫定協定に基づいて、サケ・マス漁の出港許可証を発行するとの方針を当時の社会党を通じて伝えてきた。それに沿って日本と北朝鮮の間で、北大西洋におけるサケ・マス漁の「共同操業」が行われるようになる。

この時の操業においても通常通り釧路海上保安部（海保）が漁船の出航に先立ち、「宝有丸」に対して立ち入り検査を行った。検査は日本と北朝鮮の「共同操業」を知る関係者からの密告情報に基づくものであったが、意外にも特別指摘することなく、海保職員からは「ガスがかかるので、気をつけて行きなさい」と見送りの言葉までいただいた。

しかしその一方で、別の海保職員が「共同操業」の取りまとめ役となった釧路市内の「照宝漁業」を訪れていた。職員は、「あれで、北朝鮮に行くのは最後か」と尋ねた。居合わせた船主が

「たぶん最後になると思う」と答えると、職員は「国交のない国だから、気をつけるように」と注意を促した。

二隻の漁船は海保の検査をクリアしたことでお墨付きをもらったと受け止め、「これで心配もなくなり、大丈夫だ」と航海への安心感を得た。そして釧路港を出港後、北朝鮮の興南に立ち寄り、北朝鮮乗組員を乗船させ、五月一五日に興南を出港した。そして夜間のうちに津軽海峡を通過して、オホーツク海の操業海域に向かった。「宝有丸」はソ連領海二〇〇カイリ内、「大和丸」は二〇〇カイリラインぎりぎりのところを航行していたが、先行していた他の一〇隻の漁船は見当たらなかった。日本人乗組員は「どこを目指せばいいんだ」と北朝鮮の乗組員に抗議したが、なしのつぶてで、五月二〇日、ソ連の監視船に臨検された。

そこでソ連から「操業できないので、帰れ」と言われたが、北朝鮮の乗組員が「操業許可証は、先行する一番船の『ウォンヤン一号』が持っている」として航海を続けた。そして五月二三日、二隻はソ連によってだ捕された。日本人乗組員は「先行した一〇隻がだ捕された現場に、わざわざだ捕されに行ったようなものだ」と後に語ったという。

だ捕事件の背景

北朝鮮の国旗を掲げた日本の漁船という奇妙ないでたちで、ソ連との緊張が走るオホーツク海でのサケ・マス操業という複雑な事態の背後には何があるのか。

第一に、当時経済的な苦境にあった北海道の漁師の暮らし振りが挙げられる。乗組員の一人は「契約は二カ月で六〇〇万円。普段の漁の年収は四〇〇万だから、二カ月だけで稼ぎは一・五倍」と証言した。船を出した船主は「乗組員の賃金を含めた三カ月の経費は、一隻あたり数千万円になる」と語り、ソ連領海近辺というリスクは負いながらも北朝鮮との「共同操業」は莫大な利益に繋がることを示唆した。

事実、この時の「共同操業」で水揚げされたサケ・マスは約八〇〇トン、金額にして八〜一〇億円と見込まれ、北朝鮮側の窓口である「朝鮮遠洋漁業会社」の李日満《リイルマン》社長は、売り上げから出る利益によって日本側船主の損失補償やソ連への賠償金に当てる意向を示した。もっともそれも「日本国内市場で販売できれば」、という但し書きがつけられた。

水産庁は事件発覚後、北朝鮮からのサケ・マス輸入を事前承認制にして、「歯止め」をかける措置をとった。一九八九年夏の「共同操業」でのサケ・マスの漁獲高は約三〇〇トン。前述の「照宝漁業」から買い取った北海道の水産業者は「ものが悪く、サケはなくほとんどがマスだった。一億円ぐらいで買って、新巻にして売った」と話す。今回の操業の水揚げである八〇〇トンは、値の張るベニザケが中心とみられ、李社長は、北朝鮮で冷蔵保存しているサケ・マスを日本に輸出したいとの考えであった。

北の海域をめぐる暗闘

事件当時、海保当局のある幹部が半ば自嘲気味にこう語った。「もう、水産庁にやってもらいたいんだ。政治がらみで、われわれはピエロみたいに踊らされているのかも知れない。でも、こういうことはよくあるんだ。人生には」

事件の展開は、当初想定されていた漁業法違反（密漁）容疑の適用が困難な状況になっていた。「共同操業」については、だ捕した側のソ連と、だ捕された船のかたち上の船籍とされる北朝鮮ともに「北朝鮮による不法操業」を認めており、日本側の責任の立証が困難であった。また、だ捕された漁船が日本に返還されても、「密漁」の容疑を裏付ける証拠物品のサケ・マスが北朝鮮に保管されていることから起訴すること自体不可能な状況であった。

事件の背後には、日本と北朝鮮の「共同操業」は以前より行われ、暗黙のうちにソ連が目を光らせる危険な海域において「共同で操業する」ことで、日朝両国漁業関係者がリスクを分散しあっていたことが挙げられる。しかし一九八〇年代後半からソ連のペレストロイカが進行し、従来までのソ連と北朝鮮の友好関係が変化の兆しを見せていた。そのため半ば「違法」で行っていた「共同操業」に対して、ソ連が摘発の手を強めていた。しかし危険であってもその分見返りが高いオホーツク海の操業は、日本と北朝鮮にとっては魅力的な海域で、できればこれまで通り漁業を続けたい思惑があった。

そんな中で、李社長から日本側の懸念を払拭するかのごとく、「ソ連二〇〇カイリ内には、サケ・マス三千トンの北朝鮮枠がある」との言葉を額面通り受け取って、話に乗ったことが事件の始まりであった。さらに出漁前には北朝鮮側は「ソ連二〇〇カイリ内ならどこで操業してもいい」とまで言い切った。事実、これまでソ連が北朝鮮の漁船をだ捕するといった行為は見られなかった。

しかし、事態は出港前に海保職員が暗示めいて言い残した通り、国交のない北朝鮮との間で、ソ連が監視する危険な海域において、警告を無視してまでも「共同操業」を行ったことから、日本側は莫大な損失を被ることとなった。そして北朝鮮側も、以降この海域での自由な操業が困難となってしまったのである。

だ捕事件の結末

だ捕事件は、漁船と乗組員が色丹島からソ連のナホトカへと護送され、その地の人民裁判所で裁判に付された。判決は北朝鮮船長に対して、「罰金一〇万ルーブル（約二五〇〇万円）、船体没収」であった。しかし判決文が読まれたときには、被告である日本人と北朝鮮の乗組員は誰ひとり出廷せず、漁船は興南経由で日本へと向かっていた。ソ連としては、北朝鮮との関係が悪化していたのは事実であるが、アメリカや中国との対立が続いていた中でこれ以上北朝鮮を追いつめることは、極東の安全保障上有効ではないと判断したからと思われる。結果、事実上無罪放免で、漁船と乗組員はそれぞれの母国へと帰還したのである。

だ捕事件の余波

二隻の漁船がだ捕され、ナホトカへ曳航《えいこう》された頃の一九九〇年六月三日、照宝漁業の渡辺社長が爆弾発言を行った。発言内容は、「照宝漁業が朝鮮遠洋漁業会社と締結したが、契約書の末尾には、渡辺社長の押印のほかに『総連民間漁業協会会長　文紅成』と署名されている」というものであった。そして渡辺社長は「この文紅成会長とは、神戸の貿易会社のA専務のことだ」と語った。

そして海保当局は、この発言の数日前に照宝漁業など関係先をいっせいに家宅捜査しており、公安当局も重大な関心を示していた。公安関係者はこれまでの調べで、「文紅成」なる人物はA専務の名前とよく似ており、ニシンなどの輸入を通じて北朝鮮とパイプを持つことなどから、神戸市の貿易会社のA専務ではないかと睨んでいた。

A専務の名前がなぜ、「文紅成」と記されたかについて、渡辺社長は「契約を締結した時、通訳が『文紅成』の字は間違っているかもしれないと話していた」と述べている。さらに、「北朝鮮と合弁事業をやるには、在日朝鮮人の名前を入れないと直接契約したことにならないので、専務の名を借りた」として、照宝漁業側で契約書に名前を記載したと説明した。その一方で、渡辺社長は、「総連民間漁業協会」は「朝鮮民間漁業協会」の誤りであると明らかにした。そして渡辺社長はA専務と釧路市内で会い、共同操業について話し合ったが、契約書に名前を記載されることなどについては了解済みだったと証言した。

これら一連の渡辺社長の証言や公安当局の発表に対して、「文紅成」とされたA専務は、「完全に人違いだが、誰かが自分の名前を使ったのかもしれない」と疑惑を否定した。

結局のところ、真相は明らかにされないまま、「文紅成」なる人物も不明のままであった。渡辺社長が証言した「神戸のA専務」こと「文紅成」に該当する人物をたどってみると、文東建の次男である「文弘宣」につきあたる。どちらもハングル読みにすると、「ムン・ホンソン」であり、通訳と称する人物が「字は間違ってるかもしれない」と指摘したのが事実だとすれば合点がいく。北朝鮮との違法漁業に文東建の一族が関わっているという指摘は、実はこの時が初めてではなかった。話は、だ捕事件の二年前に遡る。

北朝鮮海域でのカニ漁摘発

一九八八年三月、鳥取県の境海上保安部は、北朝鮮の国営商社などとの合弁会社方式で、ベニズワイガニを輸入している鳥取、島根両県などの水産会社九社を漁船法違反の疑いで捜索し、輸入買い付けにかかわる書類などを押収した。

海上保安部によると、これらの九社は各県の漁船登録を受けていない貨物船一一隻を使い、北朝鮮海域でベニズワイガニ漁を操業した疑いがあるという。北朝鮮が捕獲したカニを日本側の貨物船に積み替えて、日本に持ち帰る形式をとっていた。しかし実際は北朝鮮側の漁船技術の経験が浅く、日本の貨物船が直接操業するケースがあったとのことである。そして摘発された九社のうちに、文東建が設立した神戸の「三栄産業」が含まれていたのであった。さらに三栄産業は、他の水産業と北朝鮮との貿易交渉の窓口となっていたことが明らかとなった。

なぜこの事件のカニ漁といい、だ捕事件のサケ・マス漁といい、日本漁船が偽装してまで北朝鮮海域やソ連周辺海域でリスクを冒して操業したのか。

それはカニ漁摘発の四カ月前に起こった大事件が関与している。一九八七年一一月二九日、北朝鮮による大韓航空機爆破事件が起き、日本政府は厳しい経済制裁を北朝鮮に突きつけた。それ以前にもラングーン・テロ事件により、日本政府は北朝鮮に外交交渉の打ち切りや要人の入国差し止めを発表し、両国間の関係は冷え切っていた。ラングーン事件の際は、日朝友好促進議員連盟が進めようとしていた日朝民間漁業協定復活交渉が中断されるという憂き目に遭った。すなわち文東建が北朝鮮に寄贈した船「東建号」がカギとなってラングーン事件が起こり、そのことによって三栄産業を始めとする水産業者の操業に冷や水を浴びせかけられるという二重の憤りを文東建は被ることになった。それに輪をかけての大韓航空機爆破事件による経済制裁で、日本の漁業関係者も北朝鮮との領海付近での操業が困難となっていた。

そもそも事の発端は、日朝間には国交がないことから、一九七七年より日朝漁業協定が民間主導で締結され、日朝間の漁業操業が行われてきた経緯にある。協定の内容は北朝鮮の経済水域で日本漁船が入漁料を支払い、許可を得て操業するといったものであった。しかし総量規制や高額の入漁料のため、許可を得ていない漁船が経済水域ギリギリで操業したことから北朝鮮にだ捕される日本漁船が相次いだ。また北朝鮮海域での乱獲が高じたことにより、漁獲高が減少傾向にあり、安定した漁場での水揚げ確保が望まれていた。

また、北朝鮮での操業にはあるからくりが仕組まれていた。かつて日本のイカ釣り漁船が北朝鮮の漁業専管区域で操業した際、多くの北朝鮮工作員を連れて帰ったことがある。その時は、漁師が一人五〇万円から八〇万円で請け負ったという。国交のない北朝鮮での安全な操業との引き換えで、おまけに工作員を運べば手間賃も払ってもらえたことから、北朝鮮での操業は漁師にとってうまみがあった。そして、その行き着く先が、ソ連近海での日朝の「共同操業」であったのだ。

こうして日朝間で模索されたのが、合弁事業方式であり、北朝鮮との仲介役となったのが三栄産業であった。合弁事業には数億円規模の投資が必要で、緊張する北朝鮮やソ連との海域に接するリスクもあったが、日本の漁業関係者には背に腹は変えられない切迫した状況にあった。しかし、合弁事業も民間協定のレベルのため、法的に不整備で、常に取り締まりの危険にあった。だ捕事件や摘発事件の背後には、朝鮮半島と日本の間の不安定な政治情勢が常につきまとい、その影に両国を取り持った文東建の奮闘した姿が垣間見られたといえよう。

第五節――高句麗復興に夢を託して

高句麗文化展の神戸開催

一九八五年一一月、神戸市立博物館において約一カ月にわたる「高句麗《コグリョ》文化展――悠久の時を超えて」が開催された。この文化展は、神戸に先立ち大阪で九月に開催されたが、場所が阪急百貨店ということで展示スペースが狭かった。また出品数も、大阪展の約一六〇点に対して、神戸では全展示物の二五〇点が展示された。なかでも、一二〇平方メートルもある「安岳《アナッ》三号墳」をそっくり復元して豊富な壁画を紹介したことが話題を呼んだ。日本の本格的な古墳壁画が高松塚などごく限られた数しかないのに対して、高句麗時代のものは七〇余基にも上り、本邦初公開のその姿は見るものを圧倒したのであった。安岳三号墳は、その規模においても「地下宮殿」と呼ばれ、旗を掲げて二五〇人もの騎兵が行進する大行列図は縦二メートル、横一〇メートルもあり、草原を駆け巡る勇壮な騎馬民族の姿が活き活きと描かれていた。また日朝の学者の間で議論となった、倭国の朝鮮半島における軍事行動の真偽を巡る「広開土王《クァンゲドワン》碑」の銘文千八百文字が刻まれた全拓本も初めて公の場に披露された。

　広開土王碑は、かつて高句麗の王都が置かれた国内城、現在の中国吉林省集安県の丘陵斜面に立っている。四角柱の凝灰岩全面に、高句麗の始祖である朱蒙《チュモン》（東明王《トンミョンワン》）の建国神話、第一九代王・広開土王の功績、王陵を守る墓守規定の三つの事跡を刻んでいる。この碑は、全体に分厚いコケをまとい、一五〇〇年もの時を眠り続けてきた。一八八〇年ごろ、一人の農夫が石碑に文字が刻まれていることに気がつき、この瞬間、碑は世界の注目を浴びるようになった。碑文が四、五世紀のアジア史、特に日本と朝鮮半島の関係を伝える超一級の資料であったからだ。「凛としてただあり千尺の碑」と謳われた壮大なモニュメントは、古代東北アジアを舞台にした悠久のドラマを語りかける歴史の証人と言える。

神戸展開催に際して、沈尚国《シムサング》を団長とする北朝鮮学術団一行六名が、宝塚市で行われた日朝国際シンポジウムに参加した。また大阪や京都などで日本の学者との懇談会や講演会が開催され、双方の学術的な意見交換が活発に行われた。団長の沈は、「高松塚や広開土王碑のテーマをめぐって互いに見識を述べ合ったが、虚心坦懐に接することで、初の交流にしては素晴らしい雰囲気に感動した。展覧会を機に両国の歴史学者間で共同研究の機運が芽生えることを期待する」と述べた。

神戸での高句麗文化展から約三〇年を経過したが、韓国ドラマが日本で認知されて以降、高句麗に対する理解もより深まっている。韓国ドラマ「朱蒙」や「太王四神記」が日本でもヒットしたことから、高句麗文化に対する憧憬や親近感は、展示会の時以上の高まりを見せている。高句麗はそれまでは歴代中国の強大国と軍事的に渡り合ってきた武勇に優れた騎馬鉄器軍として評価されてきたが、文化展を通じて東アジアを代表する高い水準の文化を花開かせたことを知らしめた。何よりも今現在、高句麗展が開催されればと願う人は、学術関係者だけでなく一般市民も含めて数多くいることであろう。

高句麗は紀元一〇〇年ごろ現在の中国東北地方におこり、その後いくたびの遷都を経て平壌に都を定めた。唐と新羅《シルラ》の連合軍によって滅ぼされるまで約八〇〇年にわたり、東北アジアの大国として政治、文化などの面で近隣の国と密接な関係を持った。日本でも古墳時代の鉄器、馬具などは高句麗から伝わったものが多いとされ、六世紀から七世紀前半の飛鳥文化の源流の一つとされている。

高句麗文化展の模様
（『神戸新聞』1985年11月16日）

また、聖徳太子の師である慧茲《ヘジャ》の出身が高句麗であることから、日本とも古代からなじみが深い。

神戸展では、北朝鮮の朝鮮中央歴史博物館、朝鮮民族博物館の収蔵品からの壁画模型八四点のほか、工芸品として「日像流雲文透かし彫り金銅製冠帽」や、天文学の水準を表わす「天象列次分野之図」、「高句麗鎧馬騎士像」、楽器など考古学ファン垂涎の展示がなされた。

展示品の中から幾つか紹介すると、七世紀の作とされる「朱雀図」は鮮烈な朱で彩られ、一瞬怪鳥が羽ばたかんばかりの躍動感で見ているものが思わず息を止めるほどの印象を与えた。さらに言えば、この画の朱雀は流れるようなしかも力強い曲線のタッチで描かれ、モダンアートにも引けをとらぬ斬新さを有していた。

六世紀の徳花里《トッカリ》第二号墳の「星縮図」は、亀甲文様に日、月、星を金箔で描いた黄金のプラネタリウムと言うべきものである。星縮図が描かれた背景には、高句麗を含む北方騎馬民族に共通するモチーフである「偉大な祖先は星から生まれ出る」が当てはまる。高句麗の遊牧民は、はるかなステップロードを、星を頼りに旅から旅を繰り返した。「大陸の航海者」にとって、星を仰ぎ見ることは生活の一部であったに違いない。

文東建の見果てぬ夢

高句麗文化展を主催した実行委員長は、同時期に高句麗を舞台にした映画を製作し、朝鮮のかつての栄華の再興を願った文東建であった。文は神戸文化展開催に先立ち、総連兵庫県本部委員長の李福南《イボンナム》とともに神戸市長の宮崎辰雄を表敬訪問した。宮崎とは共に若かりし頃、国際マーケット移転に際し丁々発止でやり合った仲であった。運命の再会とも言うべき邂逅で、両者は感慨深い思いにとらわれたことであろう。

席上、文は開催記念として高句麗の古墳壁画の写真集を宮崎にプレゼントした。その時文東建は、「神戸は大阪についでの開催だが、大阪では会場がせまく半分しか展示できなかった。神戸の市立博物館は施設も立派だし、持ってきた二五〇点すべてを展示できることで、いい展覧会が開ける」と神戸市の協力に対して宮崎に感謝した。そして宮崎に高松塚古墳の例を引きながら、日本文化の源流の一つといわれる高句麗時代の古墳や遺跡と日本のそれとの類似性を説明した。宮崎も写真集のページを繰りながら、「どの絵も色まではっきり出ている。よくこれだけ残っていたものですね」

と驚き、二人はしばらく高句麗への思いを馳せる時間を共有したのである。

高句麗文化展を契機に、神戸市と北朝鮮の間で友好的な関係が作られたが、その一環として朝鮮式小銅鐸三点と小銅鐸の鋳型一点（いずれもレプリカ）が神戸市に寄贈された。小銅鐸の鋳型は世界でも数例しか発見されていない貴重なもので、弥生時代の祭器である銅鐸の祖型と推定された。

銅鐸は祭りや儀式の際に使用された日本独自の青銅器とされ、これまで出土したのは四〇〇個以上にのぼる。表面に流水文などの装飾を施し、高さも四、五〇センチから中には一メートルを超えるものなど大型であるのが一般的である。これに対し朝鮮式小銅鐸はベル様の形をしており、小型、無文が特徴である。これまでに朝鮮式小銅鐸は、朝鮮半島全域から二四点が出土し、このうち北朝鮮からは紀元二〇〇年前後の七つの遺跡から九点が確認されている。

朝鮮式小銅鐸のルーツは家畜の居場所を知るための牛や羊などにつけられたベルとして使われたものと考えられ、それが弥生時代に日本に伝えられた。しかし当時の日本では、牧畜は本格的に行われておらず、用途があいまいになり、「音を聞く」道具から「祭器として見る」銅鐸へと変化し大型化されたと推定されている。

一一月一六日、高句麗文化展がオープンした。オープニング・セレモニーには市長の宮崎を始めとする約二〇〇人の関係者が参加し、総連としてもテープカットのため、わざわざ議長の韓徳銖が駆けつけるほどの力の入れようであった。

高句麗文化展は四万人を超える来場者を迎え、大盛況で幕を閉じた。文東建は文化展を振り返ってこう述懐している。「展覧会を見た人から『何でもっと早くやらなかったんだ』と言われる。大阪、神戸だけで一〇万人近い入場者を数えた。今後、全国の都市を巡回するが、そうなるとかなりの日本人が朝鮮文化に正しい理解を示してくれる。うれしい手ごたえだ」

韓流がブームとなっている現在、高句麗展が再度開かれれば、もっと反響が大きいと思うのだが……。そして文東建は、文化展についてこう振り返っている。

「南も含めた朝鮮半島と日本、その文化の共通項を探れば、相互理解が深まるのではと考えて、高句麗壁画に着目し、展覧会を企画した」

「出展した壁画は北朝鮮の第一級の芸術家三〇〇人が、半年がかりで仕上げた。模写との声もあるが、制作費などを含め一〇億円以上がかかった。本国でも国家事業として全面協力してくれた。国交が開けて、模写でない実物を自由に見学できる日が早く来てほしいものです」

現代に甦る高句麗の栄光

文東建の高句麗に対する思いの集大成が、映画「高句麗」であった。制作は「朝鮮科学教室映像撮影所」と日本の「株式会社自由工房」との日朝合作によるもので、各々六〇分からなる全七編の超大作であった。原作は「騎馬民族征服王朝説」を唱えた江上波夫で、監修として北朝鮮で高名な歴史学者の金錫亨《キムソッキョン》、そして企画を担ったのが文東建であった。映画は騎馬民族のルーツであるスキタイから匈奴、突厥と続き、高句麗、百済《ペクチェ》、新羅と朝鮮半島の国々が描かれる。そして稲作農耕文化が日本列島に伝わり、それを伝承した遊牧騎馬民族が日本を支配するといった内容である。

北朝鮮では高句麗の評価が高い一方、高句麗を滅ぼし朝鮮半島を初めて統一した新羅に対する評価は低い。高句麗の首都が平壌にあったことから地政学的な見地なのか、それとも歴代中国王朝と軍事的にも引けをとらない強国として高句麗が名を馳せたからなのか、ハッキリとした理由は不明である。しかし南北問わず、高句麗は今も韓民族にとって心の拠りどころとなっている。

高句麗文化展から三〇年近く経た二〇一三年、北朝鮮はアメリカ本土に到達するミサイルを発射したことに続いて、三回目となる核実験を強行した。文東建が願った「日本人が実物の北朝鮮の古墳壁画を自由に見られる雰囲気」は、現在の日朝両国の関係からして全く感じることができない。また映画「高句麗」が日本で正式に上映される機会は訪れていない。むしろ三〇年前と比べて、一層険悪になったように思える。文東建が日朝の架け橋となることを第一に考え、全身全霊を傾けて成し遂げた「高句麗」への思いは未だ発展途上である。文東建の見果てぬ夢が現実となる日は、いつのことなのか……。

その人となり

文東建は晩年、自身の思想・信条を問われると、「右も左もない、進歩的民族主義者」と答えた。総連中央の副議長ともあれば、「金日成と金正日の熱烈な崇拝者」とでも返答すると思ったのであるが、何か肩透かしを喰った感である。確かに文は、建青時代の反共精神を清算して金日成の指導理念に共鳴し、北朝鮮の国籍を取得した過去を持つ。そうかと言って筋金入りの金日成主義者でもなく、関西学院大学経済学部在学中は国際的な視野の広さを見込まれて、国際関係論でゼミ教授の代理を務めたこともあるという。そのことが北朝鮮や総連にリスクを冒してまで多額の寄付をしても、それほど評価されることがなかった一因であるのだろう。

本書で辿った通り、文東建の過去はまさしく波乱万丈であった。彼自身「自伝を本にするなら、何冊あっても足りない」と豪語するほど、その遍歴は紆余曲折していた。文が人生の中で最も痛感したことが、彼自ら体験した日本における差別と獄中暮らしであり、日本人に誤解された朝鮮史観であった。

「日本に半世紀も住みながら、いまだにマクラを高くして寝たことがない。いわれのない差別と弾圧が存在し続けている。植民地時代ならともかく、戦後の民主国家になってもそうなのだから……」

闇市時代から、建青、総連と通じて、文東建が心の拠りどころとしたのは、祖国朝鮮半島であり、その願いは日本と祖国の平和と友好に尽きると考える。文東建以外にも、金儲けに精を出し、億万長者となった在日コリアンは数多くいる。しかし、文東建ほど祖国とのつながりにこだわり、精力的に活動した商工人は他に例を見ない。文はこうも語っている。

「祖国の建設に役立ち、祖国の統一に役立つ商工人になることが、真の生きがいである」と。

戦後まもなく共産党員として兵庫で活躍し、その後党の指令で北朝鮮に渡り、再び日本へ工作員として密入国した朝鮮人がいた。彼は、当時総連の実権を握っていた金炳植から疎まれ総連からも追放されていたが、そんな境遇に手を差し伸べたのが文東建であった。文は財政的な援助を惜しまず、親身になって彼の身の振り方の相談に乗ったという。こういった文東建の思いやりが人を救った一方で、それが災いして「目的のためならば躊躇なく人を切る」という非情さ第一の組織から疎んじられた原因となったのであろう。

文東建は、趣味はと聞かれて、こう答えた。「酒もやらんし……。仕事かな?」

「仕事が趣味」とは、在日一世に共通する人生観で、このゆるぎない信念は死後もこの神戸の地で脈々と受け継がれていると感じる次第である。

文東建が亡くなって、もう四半世紀が過ぎようとしている。祖国は未だに分断されたままである。

終章　文東建のDNA

二〇〇五年八月、兵庫朝鮮関係研究会の代表である徐根植《ソグンシク》は、毎年恒例の夏山登山で阿蘇山の中岳を訪れた。帰りは熊本空港から大阪・伊丹空港へとフライトしたのであるが、機内には短い髪のボーイッシュな若い女性の一団が同乗していた。徐は彼女らが何の集まりか見当がつかなかったが、短い髪とその風貌からスポーツをする女子であることは想像がついた。

空路伊丹空港に着陸し、到着ゲートの手荷物受け取りの順番に並んでいると、男二人連れのうちの一人に見覚えがあることに気づいた。神戸朝鮮高校と朝鮮大学時代の同窓生であった文弘宣《ムンホンソン》だった。

「弘宣やないか。久しぶりやな」

約一〇年ぶりの再会であった。

「おお、根植か、久しぶり」

「君も熊本に用があったのか」

「今神戸で女子サッカーのLリーグのチームを運営していて、その応援に昨日から熊本に行っていたんや」

文弘宣が父親の文東建の跡を継いで事業に携わっていることは知っていたが、女子サッカーチームを運営していることは初耳であった。文の隣にいる人物はサッカーの関係者で、二人の会話から文が女子サッカーに並々ならぬ情熱を注ぎ込んでいることを察した。

「女子サッカー」と聞いて、徐は最初ピンとは来なかった。しかし、文が高校時代サッカー部に所属していたことから、その延長で女子サッカーチーム育成に取り組んだのだろうと合点した。その時は、それで二人は別れたのであるが、今から思うと一団の選手の中には現在のアイナック神戸の主力選手がいたのかもしれない、と徐は回想する。

それから一〇年の歳月が過ぎ二〇一一年、ワールドカップ女子サッカーでなでしこジャパンは優勝を果たした。誰しもが予想しなかった快挙であった。なでしこジャパンが出発の際、空港から見送るファンやマスコミはほとんどいなかった。それが優勝して凱旋帰国するや、大挙して空港に出迎えた。そして女子サッカーは、一躍メジャーな競技へと脚光を浴び、テレビの地上波全国放送でも女子サッカーの試合が放映されるようになる。

それまでマイナーであった女子サッカーを、スターダムに押し上げた功績として、アイナック神戸会長である文弘宣の果たした役割は大きい。彼を除いて、女子サッカーを本気で育成し、世界に通用するレベルに引き上げようとするスポーツ関係者や企業スポンサーは皆無であった。文弘宣に先見の明があったと言えばそれまでであるが、地道に選手を育てチーム作りに誠意を尽くした彼の努力があってこそ、現在の華やかな女子サッカーがあるといっても過言ではない。

こうした一見華やかであるが、地道に事業に取り組む文弘宣の足跡の陰には、幼少の頃の家庭環境が影響していると考える。文は雑誌『アエラ』の二〇一三年四月一五日号の自身の特集記事において、「子供の頃は鍵っ子」で、兄や弟は両親に会社に連れられ出入りできたが、自分はいつも放っておかれたと振り返っている。これを物語るエピソードがある。

前述の通り、徐根植と文弘宣は学生時代の同期で、ある日徐は文の自宅に招かれた。文の自宅は高級住宅地で知られる芦屋の一等地にあり、工場と住宅が密集する尼崎の下町で生まれ育った徐にとっては目を見張る大邸宅であった。徐は、瓦屋根の壮大さと延々と続く廊下の長さに圧倒された。訪ねた時、他の家族は不在で、出迎えたのは家政婦一人であった。徐は当時あまり口にすることのなかったすき焼きを振る舞われたのだが、広い室内に文と二人きり、家政婦が見守る中での寂しい食卓であった。当時の在日朝鮮人の一般家庭では、大家族で食卓を囲むのが通例であったのであるが、徐には何か文弘宣の家庭には複雑な事情があるのだと察した。

文弘宣は自らの境遇を顧みて、「スポーツで成績を上げ、親を振り向かせたかった」と語っている。それが学生時代にサッカーに打ち込んだ理由であり、卒業して事業に携わった後にも、サッカーに対する情熱は失せることがなかった。

文は二〇一三年、日本初の女子サッカー場として、神戸市の六甲アイランドに「神戸市レディースフットボールセンター」をオープンさせた。アイナック神戸はここを練習拠点としているが、それだけでなく「地域密着チーム」として、市民も練習を見学できたり、利用できたりする「市民に根付いた施設」としてのコンセプトで設立された。

文弘宣は女子サッカーの普及についてこう語っている。

「二〇一二年のロンドンオリンピックで日本は銀メダルを獲得した。これを弾みに市民全体で支えてもらい、神戸を女子サッカー一色に染めたい」

「地域に根ざしたチームを作り、神戸市民に恩返しをしたい。土日の週末には、アイナックの試合を見て過ごす、そんな身近で愛されるサッカークラブを目指したい」

二〇一三年一月、神戸市によってアイナック神戸がスポーツ特別賞を受賞したとして表彰された。市役所で行われた表彰式には、主将の川澄奈穂美を始めアイナックの主力選手とともに、文弘宣も招かれた。席上市長の矢田立郎は、「ここ数年、素晴らしい成果を残してくれている。これからも国内外で活躍してほしい」と激励した。

約二〇年前、高句麗文化展で当時の神戸市長であった宮崎辰雄から文東建《ムンドンゴン》は感謝の言葉を送られた。そして文弘宣も同じく、神戸市長から神戸のスポーツ発展に寄与したとしてねぎらいの言葉をかけられた。親子二代に渡る彼らの尽力は、市民の理解を得て、神戸の文化、スポーツに貢献をもたらした。これからも文弘宣の挑戦は続いていくように思われる。

文東建の朝鮮半島と日本の架け橋になるという願いは、文弘宣に引き継がれ、世界という新たな分野の挑戦へと羽ばたこうとしている。

参考文献

第一章

『在日同胞の動き　戦前・戦後在日韓国人（朝鮮）関係資料』坪井豊吉著（自由生活社、一九七五年）
『昭和特高弾圧史7』明石博隆・松浦総三編（太平出版社、一九七五年）
『軌跡　ある在日一世の光と影』朴憲行著（批評社、一九九〇年）
『在日朝鮮人運動』篠崎平治著（令文社、一九五五年）
『天地有情　水堂夜話』申仁弘著（海風社、一九八八年）
『民団兵庫55年の歩み』在日本大韓民国民団兵庫県地方本部（二〇〇三年）
『在日韓国人一世』朴憲行著（新幹社、一九九五年）
『解放後在日朝鮮人運動史』朴慶植著（三一書房、一九八九年）

第二章

『朝総連研究⑵』（亜細亜問題研究所　高麗大学出版部、一九七二年）
「新　忘れられた日本人」佐野眞一著（『サンデー毎日』二〇一〇年二月一四日）
『在日朝鮮人企業活動形成史』呉圭祥著（雄山閣、一九九二年）
『兵庫朝鮮人商工会報』（商工会報編集部、一九四七年五月七日）
「在日朝鮮人の生活と意見」（『中央公論』一九五二年九月号）
『在日本朝鮮人商工便覧　一九五七年版』在日本朝鮮人商工連合会編（緑蔭書房、二〇一一年）
『主体的海外僑胞運動の思想と実践』韓徳銖著（未来社、一九八六年）
「低成長時代をどう乗切るか」（『統一評論』一九七八年六月号）
「経済活動を祖国の未来と深く結びつけ」文東建著（『統一評論』一九七九年九月号）

「団結して祖国統一を！」安商宅著（『統一評論』一九六七年一・二月号）
『将軍様の錬金術』金賛汀著（新潮新書、二〇〇九年）

第三章

『朝鮮画報』（朝鮮画報社、一九七二年六月号）
「ラングーン爆破事件――真相隠しの裁判劇」（『統一評論』一九八四年二月号）
『解放後　在日朝鮮人運動史』朴慶植著（三一書房、一九八九年）
『在日朝鮮人はなぜ帰国したのか　在日と北朝鮮50年』東北アジア問題研究所編（現代人文社、二〇〇四年）
『金日成の野望　中巻』柴田穂著（サンケイ出版、一九八四年）
「錬金術!?　組織ぐるみの集金――送金システムを検証する」伊藤暁史著（『朝鮮総連の研究』宝島社、一九九五年）
「朝鮮総聯は何をやってきたのか」玉城素著（『朝鮮総連の研究』宝島社、一九九五年）
「帰国船上の献金工作」張明秀著（『朝鮮総連の研究』宝島社、一九九五年）
「金炳植とその時代」柳泰熙著（『朝鮮総連の研究』宝島社、一九九五年）
「学術映画騎馬民族国家第3編　高句麗」(http://www.jiyu-kobo.com/koukuri.html)
『アボジの履歴書』金乙星著（神戸学生青年センター出版部、一九九七年）
『65万人－在日朝鮮人』宮田浩人編著（すずさわ書店、一九七七年）
『朝鮮総連工作員「黒い蛇」の遺言状』張龍雲著（小学館文庫、一九九九年）

その他に、「朝日新聞」「毎日新聞」「神戸新聞」「朝鮮新報」「韓国新聞」「民団新聞」等を参考にした。

図版出典一覧

【第一章】
26頁：『民団兵庫55年の歩み』民団兵庫55年史編集委員会編、在日本大韓民国民団兵庫県地方本部、二〇〇三年、口絵
28頁：『神戸新聞』一九四五年一二月一三日付
30頁：『神戸新聞』一九四六年一月二五日付
39頁：『神戸新聞』一九四六年二月一七日付
41頁：『民団兵庫55年の歩み』30頁
44頁：『民団兵庫55年の歩み』口絵
48頁：『神戸新聞』一九四六年八月一五日付
49頁：『神戸新聞』一九四五年一二月五日付
50頁：『神戸新聞』一九四六年八月二一日付
57頁：『朝日新聞』「神戸版」二〇一三年一二月一八日付
61頁：『韓国新聞』一九七五年二月二二日付
72頁：『民団兵庫55年の歩み』口絵
88頁：『韓国新聞』縮刷版

【第二章】
99頁：『神戸新聞』一九七九年七月一九日付
103頁：『神戸新聞』一九七九年七月二〇日付
114頁：『神戸新聞』一九四八年五月二二日付
127頁：『兵庫朝鮮人商工会報』商工会報編集部、一九四七年五月七日付
138頁：『統一評論』一九七九年3月号、目次裏
140頁：『在日本朝鮮人商工連合会便覧』78頁

【第三章】
162頁：『朝鮮画報』一九七二年一一月号
177頁：『統一評論』一九七六年一二月号、裏表紙
207頁：『神戸新聞』一九八五年一一月一六日付

おわりに

筆者が文東建《ムンドンゴン》の名前を耳にしたのは、兵庫朝鮮関係研究会の例会に参加するようになってからである。しかし、そのときすでに文東建は鬼籍に入っていた。先輩の会員から時折伝説の人物のように語られることから、文東建への想像は次第に膨れ上がっていった。しかし、実際どのような人物なのか、当時は資料など何も探せていない時分であったので、いつしか日々の調査活動に忙殺され、筆者の脳裏から消えつつあった。

それが二〇一一年、女子サッカーのワールドカップで日本が優勝し、その主力選手を輩出したのが「アイナック神戸」という女子クラブチームであったことから、再び興味がわいてくるようになった。アイナック神戸の会長である文弘宣《ムンホンソン》の父親が文東建であり、文弘宣の名がクローズアップされるにしたがって、筆者の中で文東建という存在が再び大きくなっていった。

これまで文東建に対する在日コリアンの評価は、大きく分かれていた。商工人ということから「商売人」というイメージが先行し、全体的に好意的に語られることはなかった。その理由として、自身にとって依拠すべき「国」がない浮き草のような在日にとって、頼れるべきは「金」しかなく、それが高じて「守銭奴」呼ばわりされる商工人も少なくなかったからである。

しかし、本書で見てきたとおり、文東建は稼いだ金を自らの懐にしまいこむのではなく、積極的に祖国に「投資」してきた。それは祖国の「北半分」という偏ったものではあったが、南北分断という現実に向かい合わずにはいられない在日にとっては、いたし方のない決断であった。南をとるか北をとるかで、双方から裏切り者扱いされるといういびつな「在日」社会の存在。それが不毛な対立の歴史を繰り広げ、結果として嫌気を感じた在日コリアンの日本国籍選択に拍車をかけたことは否めない。文東建が恐れた「民族の分断」という対立軸と、分断が半世紀を超えたという時間軸とが重なって、在日社会そのものが社会的形成を失いつつあるというのが現状である。

活動家としての文東建の主張は、「たとえ本国が分断したとしても、在日においては南北の垣根を取り払おう」というものであった。そうした文東建の心情が、若き日には韓国を支持した民団、大韓青年団ではなく、あくまでも建青にこだわり続けた理由であり、そして統一同志会へと発展するという政治的選択になって現れた。晩年の文東建の言葉の中には、「総連副議長」という要職にあっても、それほど「北朝鮮礼賛」というスタンスは感じられない。文にとって大事であったのは、何よりも民族の一体感であり、いかに崇高な主義・主張があっても、それが分断を前提とするならば価値がないと断言しているかのようである。「民族こそが至上価値であり、それはすべての思想・理念よりも優先する」ということを文東建は言いたかったのではないのか、文の生涯を振り返ってそう思わざるを得なかった。

文東建はまた、日本と朝鮮半島の友好親善にも尽力した。しかし、文の死から二五年が過ぎた現在、その関係は戦後最悪の状態となっている。独島（竹島）を巡る領土問題や強制連行者や従軍慰安婦らの戦後補償問題、歴史認識問題など、両国間の解決すべき問題は山積しているが、それがネックとなり、非難の応酬に陥ってしまっている。まずは互いの声を聞きあうことから始める必要があるのだが、感情的なしこりからその糸口さえつかめていないのが現状である。今の日本と朝鮮半島の姿を草葉の陰から文東建が見ているなら、さぞかし残念な思いにとらわれていることであろう。一日も早く、未来志向的な日本と朝鮮半島の関係が築ければと、筆者も文と同様、切に願っている次第である。

この原稿を執筆している中、第一章でも触れたが、神戸のJR元町駅高架下で建青兵庫の集会案内ポスターが六六年ぶりに発見された。何か因縁めいた感もあるが、歴史から忘れられた建青が、現代に甦るという貴重なタイムスリップを体感することができた。建青のポスターは、文東建ら新生祖国建設に青春の炎を燃やす、コリアン青年達の熱き魂を彷彿させてくれる。

文東建はその人生の中で、朝鮮植民地支配により自らの祖国が失われていたという絶望と、解放により新たな祖国を建国できるという希望を両方体験した。しかし、統一祖国建設という願いは見果てぬ夢となり、それは今もって実現していない。こうした文の記憶と記録は、後世に伝える必要があると筆者は感じ、本書を執筆した。本書を通して、神戸の地においてもコリアンが生き生きと生涯を駆け抜けた姿を想起していただければ幸いである。読者の皆様からの忌憚のない声をお聞かせ願いたい。

最後に、出版に際して、兵庫朝鮮関係研究会の徐根植代表には貴重な証言と励ましを頂戴した。徐代表のおかげで、本書は執筆できたといっても過言ではない。また、前回の出版と同様、原田徳子さんには、多忙な中、校正と助言を頂いた。さらに在日本大韓民国民団兵庫県地方本部より貴重な資料を提供していただき、神戸大学大学院人間発達環境学研究科の村上しほりさんからは神戸の闇市についてご教示を賜った。そして刊行においては、明石書店の石井昭男社長による御厚意と、森本直樹氏の御尽力と御指導を賜った。紙面をお借りして、感謝の意を表したい。

二〇一四年三月一四日

高　祐　二

年表

年	月	朝鮮半島・日本での出来事	年	月	在日関係の事象　文東建の足跡
1968	12	明治維新により日本の「王政復古」の通告を朝鮮側が受け取り拒否			
1875	9	日本軍艦「雲揚」が江華島を砲撃（江華島事件）			
1876	2	日朝修好条規調印（江華条約）			
1894	2	甲午農民戦争が全羅道を舞台に起きる			
1894	7	日清戦争が起こる 甲午改革の実施			
1895	10	日本公使三浦梧楼ら景福宮で閔妃を殺害（乙未事変）			
1897	10	朝鮮の国号を大韓帝国に改称する			
1904	2	日露戦争勃発　韓国内の日本の軍事行動への便宜を図る日韓議定書調印			
1905	1	日本、竹島領有を決定する			
1905	7	アメリカとの桂・タフト協定で、日本の韓国保護国化を承認させる			
1905	11	伊藤博文による第2次日韓協約が強制調印される			
1906	2	韓国統監府が開庁（初代統監は伊藤博文）			
1907	6	ハーグ密使事件			

1909	10	伊藤博文、ハルビン駅頭で安重根に射殺される			
1910	8	韓国併合に関する条約が調印される			
			1917	2	文東建、慶尚南道昌寧郡で誕生
1919	3	3・1独立運動が朝鮮全土で繰り広げられる			
1919	4	上海で大韓民国臨時政府が設立される			
1919	8	斎藤実が朝鮮総督に就任、従来の武断統治から文化政治に転換			
1923	9	関東大震災でのデマにより多数の朝鮮人が虐殺される			
1928	12	コミンテルン、「12月テーゼ」発表			
1929	11	光州学生運動が起こる			
1936	8	ベルリン・オリンピックのマラソンで孫基禎が優勝（日の丸抹消事件）			
1937	10	南次郎総督「皇国臣民の誓詞」を制定			
1939	11	創氏改名を強制する			
			1940	3	北神商業朝鮮人留学生会独立運動事件
1941	12	日本、ハワイ・真珠湾を奇襲　太平洋戦争始まる			
1942	10	朝鮮語学会事件			
1944	4	朝鮮に徴兵制を適用する			
1945	8	日本敗戦　朝鮮解放（光復節）米ソによる南北分割管理開始	1945	9	在日本朝鮮建国促進青年同盟（建青）中央本部結成

年	月	朝鮮半島・日本での出来事	年	月	在日関係の事象 文東建の足跡
			1945	10	在日本朝鮮人連盟（朝連）中央本部結成 朝連兵庫県本部結成
				11	神田市街戦
1945	12	米・英・ソ三国モスクワ外相会議	1945	12	建青兵庫県本部結成（委員長：文東建） 朝鮮人自由商人聯合会（朝商聯）結成
			1946	1	進駐軍歓迎拳闘大会（神戸市民運動場）
				2	朴烈　李康勳先生歓迎民衆大会（神戸海員会館）
				3	三・一運動記念人民大会（湊川公園） 在日本朝鮮人商工連合会本部（商工連）結成 在神朝鮮人飲食店組合結成
				5	建青兵庫執行委員会（委員長：玄孝燮）
				6	国際青年聯歓大会（栄光教会）
				8	八・一五解放記念日　一周年慶祝大会（松竹座） 解放一周年記念慶祝演芸大会（八千代劇場） 兵庫県朝鮮人料理飲食業組合結成（組合長：文東建）
				10	在日朝鮮居留民団（民団）中央本部結成
				12	民団兵庫県本部の結成（団長：玄孝燮）
1947	5	「外国人登録令」施行、在日朝鮮人は日本国籍を喪失	1947	1	朝商聯、朝鮮人商業経済会へ名称変更

年	月	事項
1948	4	済州島で4・3事件起こる 4・24阪神教育闘争で神戸に非常事態宣言公布される
	8	大韓民国建国（李承晩大統領）
	9	朝鮮民主主義人民共和国建国（金日成首相）
1949	3	外国人財産取得に関する政令公布
	6	金九暗殺される
1950	1	コミンフォルム、日本共産党を批判
	6	朝鮮戦争勃発

年	月	事項
1947	3	坂本事件
	4	兵庫県朝鮮人商工会結成
	10	在日本朝鮮人商工組合総連合会（商工総連）結成
	12	朝鮮統一政府樹立促進大会（関西劇場）
1948	8	大韓民国独立祝賀大会（民団主催） 解放第三周年八・一五人民大会（朝連主催） 韓国政府樹立祝賀解放記念統一独立促成大会（建青主催） 建青兵庫第六回臨時大会（玄孝燮除名）
	10	朝鮮民主統一同志会（統一同志会）結成
1949	1	玄孝燮暗殺
	7	金九先生追悼大会（湊川公園）
	9	朝連、民青が団体等規制令によって解散させられる
	12	兵庫県、三栄ゴムに対して摘発実施
1950	8	大韓青年団中央本部結成（団長：曺寧柱） 大韓青年団兵庫県本部結成
1951	9	在日朝鮮統一民主戦線（民戦）の結成

年	月	朝鮮半島・日本での出来事	年	月	在日関係の事象　文東建の足跡
			1951	7	建青統一派、民戦への参加を決定
				8	統一同志会、民戦に加盟
1952	5	メーデー事件（皇居前広場）	1952	6	在日本朝鮮人信用組合創立
	6	吹田事件		8	共和信用組合設立
	7	大須事件			
1953	7	板門店で朝鮮戦争休戦協定が調印される	1953	12	商工業者危機突破大会（下谷公会堂）
	8	南日声明、「在日朝鮮人は北朝鮮の共和国公民である」			
			1954	2	民戦、統一同志会が李康勲を除名
			1955	5	在日本朝鮮人総連合会（総連）結成
			1957	10	朝鮮問題研究所が朝鮮研究所を統合（発行人：金炳植）
1959	12	在日朝鮮人の北朝鮮への帰国事業が始まる			
1960	4	韓国で4・19学生革命が起こり、李承晩政権退陣する	1960		文東建、朝鮮画報社の社長に就任
1961	5	朴正熙らが軍事クーデターを起こす	1961	6	祖国貿易実現在日朝鮮人大会開催
				8	東海商事㈱設立
1965	6	日韓条約調印			
1967	5	北朝鮮で金日成の「唯一思想体系」が確立される			
1968	1	北朝鮮ゲリラが韓国大統領官邸を襲撃 プエブロ事件起こる			
1971	4	韓国大統領選挙で野党の金大中候補が善戦			

1972	7	7・4南北共同声明が発表される			
1972	10	韓国朴大統領、非常戒厳令下「維新体制」による独裁を強化			
1973	6	金日成主席、「六・一教示」を発表			
	8	金大中拉致事件			
1974	8	朴大統領狙撃事件			
1979	10	朴大統領、韓国中央情報部長に射殺される			
1980	5	光州民衆抗争			
1983	10	ビルマ・ラングーンで韓国大統領を狙った北朝鮮によるテロ事件発生	1983	11	文東建、週刊朝日を提訴
1984	3	グリコ・森永事件の発生			
	5	総連結成30周年記念式典で、金日成の祝電「マルスム」が読み上げられる			
			1985	11	神戸で高句麗文化展が開催される
			1986	9	総連第14回全体大会で、文東建が副議長に就任
1987	11	北朝鮮による大韓航空機爆破事件	1987	6	文東建死去
1988	9	ソウル・オリンピック開催	1988	3	北朝鮮海域でのカニ漁に関連し、三栄産業が捜索を受ける
			1990	5	オホーツク海で、サケ・マス漁船がソ連にだ捕される
1994	7	金日成主席死去			
1997	10	金正日が労働党総書記に就任			

年	月	朝鮮半島・日本での出来事	年	月	在日関係の事象　文東建の足跡
1998	2	金大中、大統領に就任			
1998	8	北朝鮮、テポドン・ミサイル発射			
2000	6	初の南北首脳会談が行われる	2000	12	朝銀信用組合近畿が破綻
2002	6	日韓共催によるサッカー・ワールドカップ開催			
2002	9	日朝平壌宣言、北朝鮮が日本人拉致を認める			
2003	4~7	NHKで「冬のソナタ」放映される			
2011	7	ワールドカップ女子サッカーで、なでしこジャパンが優勝			
2011	12	金正日総書記死去			
			2013	4	国際マーケット跡地での再開発が終了

著者紹介

高 祐 二（コ・ウイ）

1966年生まれ。甲南大学経済学部卒。神戸市在住。

兵庫朝鮮研究会会員。理学療法士、病院勤務。

著作に、『韓流ブームの源流』（社会評論社）、『兵庫の中の朝鮮』『近代の朝鮮と兵庫』『在日韓国・朝鮮人の歴史と現在』（共著、明石書店）、『兵庫の大震災と在日・韓国・朝鮮人』（共著、社会評論社）がある。

在日コリアンの戦後史
——神戸の闇市を駆け抜けた文東建の見果てぬ夢

2014年4月7日　初版第1刷発行

著　者　高　祐　二
発行者　石　井　昭　男
発行所　株式会社　明石書店
〒101-0021　東京都千代田区外神田 6-9-5
電　話　03（5818）1171
FAX　03（5818）1174
振　替　00100-7-24505
http://www.akashi.co.jp

装　幀　明石書店デザイン室
印刷所　株式会社文化カラー印刷
製本所　本間製本株式会社

（定価はカバーに表示してあります）　ISBN978-4-7503-3997-9

〈本書関連年表〉

●一九八〇年
　韓国　全国に非常戒厳令

●一九八〇年
　光州事件勃発　中田　中国 国民政府が台湾に撤退

●一九八四年
　中曽根首相　現職首相として初の公式訪韓

●一九八五年
　韓国国民車構想の発動　日本車メーカーが日本から技術・資本を導入して本格的な国民車生産に乗り出す

●一九八七年
　韓国大統領直接選挙制　盧泰愚が当選

●一九八八年
　ソウルオリンピック開催

●一九八九年
　韓国の自動車メーカーがアメリカに進出

●一九九〇年
　韓国ノ・テウ大統領訪日　「昭和天皇のお言葉に関して痛惜の念」

●一九九一年
　韓国・北朝鮮　国連同時加盟

●一九九二年
　韓中国交樹立

●一九九三年
　韓国金泳三大統領就任

●一九九七年
　韓国通貨危機　IMF支援要請

●一九九八年
　韓国金大中大統領就任　日本大衆文化の開放始まる

●一九九九年
　日韓漁業協定発効

●二〇〇〇年
　南北首脳会談

●二〇〇二年
　日韓ワールドカップ共同開催

●二〇〇三年
　韓国盧武鉉大統領就任